Programación Neurolingüística

# Use su cabeza

# Para

# Variar

Richard Bandler

# Use su Cabeza Para Variar

por Richard Bandler

Versión en español.

Editado por:

Juan Antonio Perez @VivirPNL y

Yelvis Arteaga @YelvisPNL

Colaboración por:
Aarón Herrera @educandoytransformando

**ISBN:** 9798863290850
**Sello:** Independently published

Dedicado
a mi madre

*Contenido*

*Introducción* 9-13

I. *¿Quién maneja el autobús?* 14-26

La mayoría de nosotros dejamos que nuestro cerebro opera solo y pasamos mucho tiempo viviendo experiencia que no queremos tener. Bandler se burla de muchas las maneras actuales de intentar pensar y resolver los problemas humanos, al mismo tiempo que ofrece alternativas.

II. *Manejando tu propio cerebro* 27-41

Nuestra respuesta hacia los mismos pensamientos, será diferente según el tamaño, brillo, cercanía, etc., de nuestras imágenes internas. Comprender estos sencillos principios nos permite modificar nuestras experiencias para que respondamos de la manera en que queremos. La "Terapia más breve" demostrada.

III. *Puntos de vista* 42-54

Mirar un recuerdo desde tu propio punto de vista (a través de tus ojos) tiene un impacto muy diferente al de verte a ti mismo en ese recuerdo desde un punto de vista diferente. Saber utilizar esta diferencia permite, entre otras cosas, curar una fobia o un "síndrome de estrés postraumático" en tan solo unos minutos.

IV. *Errar el camino* 55-71

Constantemente intentamos corregir los problemas después de que algo ha salido mal, en lugar de hacer las cosas con antelación para asegurarnos de que salgan como queremos. El intento de corregirlo suele empeorar el problema.

V. *Ir por todo* 72-85

Nos motivamos a nosotros mismos repetidamente para hacer cosas a lo largo del día. Saber cómo funciona esto, hace posible elegir lo que nos motiva hacer, y utilizar poderosas sensaciones positivas para hacerlo. También se muestra la manera de cambiar las voces internas críticas en nuestros aliados amables y más útiles.

VI. *Entender la confusión* 86-105

La forma en que cada uno de nosotros organiza su experiencia para comprender algo es única y puede orientarse y modificarse. Se puede aprender mucho utilizando la manera en que otra persona comprende.

VII. *Más allá de la creencia* 105-119

Nuestros cerebros codifican nuestras experiencias internas para que distinguir lo que creemos y lo que no. Al acceder directamente a esta codificación interna y modificarla, es posible cambiar rápidamente creencias limitantes sobre uno mismo, por creencias poderosas y llenas de recursos.

VIII. *Aprendiendo* 119-132

Nuestro sistema educativo ha tratado de enseñar a los alumnos contenidos, en lugar de enseñarles como aprender. Las "fobias escolares" que impiden el aprendizaje pueden tratarse fácilmente. La memoria y los "problemas de aprendizaje" son también objeto de debate.

IX. *El Chasquido* 133-154

Al comprender como el cerebro relaciona las experiencias, es posible transformar cualquier situación problemática en una señal para convertirse más en lo que sí quieres ser. Este método proporciona una solución generativa para casi cualquier comportamiento o respuesta problemática. Se demuestra con el tabaquismo y otros hábitos.

*Epílogo* 155-159

*Apéndices* 160-172

*Bibliografía* 173-182

## *SUBMODALIDADES EN PROGRAMACIÓN NEUROLINGÜISTICA*

### *Introducción.*

¿Con cuánta frecuencia han oído la frase "¿Ella tiene un futuro brillante", o bien, "Tiene un pasado bastante colorido"? Expresiones como éstas son más que metáforas. Son descripciones literales del pensamiento interno de quien las dice, y representan una clave para aprender como cambiar la experiencia de maneras útiles. Por ejemplo, noten en este momento como se imaginan un hecho agradable futuro en su propia vida... y enseguida iluminen más la imagen y fíjense en como varían sus sentimientos. Cuando iluminan la imagen, ¿logra esto que ustedes se sientan más expectantes hacia ella? La mayoría de las personas responden más fuertemente a una imagen más brillante o mejor iluminada; unos pocos responden más a una imagen más difusa.

Ahora elijan un recuerdo agradable de su pasado y, literalmente, tornen los colores más brillantes e intensos... La posesión de un "pasado colorido" ¿cambia la intensidad de su respuesta a ese recuerdo? Si no aprecian una diferencia en sus sentimientos cuando vuelven su recuerdo más colorido, traten de verlo en blanco y negro. A medida que la imagen pierde su color, típicamente su respuesta será más débil.

Otra expresión común es "Agréguele un poco de chispa a su vida". Piensen en otra experiencia agradable, y literalmente salpique su imagen de ella con pequeños puntitos brillantes de luz titilante, y adviertan como ella afecta su respuesta afectiva. (¡Los publicistas de la televisión y los diseñadores de ropa lo saben bien!).

"Ponga su pasado tras detrás de usted", es un consejo comentado ante sucesos penosos. Piensen en una situación que aún los molesta, y luego noten donde lo ven ahora y cuan lejana está la imagen. Probablemente está bien cerca, en frente suyo. Ahora tomen esa imagen y físicamente póngala tras suyo. ¿Cambia eso la vivencia de ese recuerdo?

He aquí unos pocos ejemplos básicos de la simplicidad y poder de los nuevos patrones de "Submodalidades" de la Programación

Neurolingüística o PNL, desarrollados por Richard Bandler en los últimos años. Uno de los primeros patrones de PNL fue la idea de "Modalidades" o "Sistemas Representacionales". Pensamos acerca de cualquier experiencia mediante el uso de representaciones de sistemas sensoriales, es decir: imágenes visuales, sonidos auditivos y sensaciones kinestésicas. Durante los últimos años, la mayoría de los entrenamientos en PNL han enseñado una amplia variedad de maneras rápidas y prácticas de explotar este conocimiento de las modalidades para cambiar sentimientos y conductas. Las Submodalidades son los elementos más pequeños dentro de cada modalidad. Por ejemplo, algunas de las Submodalidades visuales son brillo, color, tamaño, distancia, ubicación y foco. El conocimiento de las Submodalidades abre un nuevo ámbito de patrones de cambio, que resultan aún más rápidos, fáciles y específicos.

La primera vez que entramos en contacto con la PNL, en el otoño de 1977, abandonamos la mayoría de las cosas que estábamos haciendo hasta entonces, a fin de estudiar estas excitantes y veloces nuevas formas de modificar la conducta. En esa época, Bandler y John Grinder colaboraban en el desarrollo de este nuevo campo, que prometía mucho. La PNL nos enseñó cómo seguir el proceso interno de una persona poniendo atención a los movimientos inconscientes de los ojos, como cambiar antiguas respuestas afectivas desagradables en minutos, y mucho más.

Ahora, siete años después, se han cumplido todas aquellas promesas. Las ideas y técnicas básicas de la PNL han soportado bien la prueba del tiempo, como también la prueba más dura de instruir a otros como hacer uso práctico de ellas. La PNL ha sido descrita a menudo como la punta de lanza de la comunicación y el cambio.

La PNL ofrece una comprensión conceptual sólidamente basada en la ciencia de la información y la programación por computadoras, pero enraizada aún más en la observación de la experiencia de la vida humana. Todo en la PNL puede ser verificado directamente en su propia experiencia o en la observación directa de los demás.

Los nuevos patrones de Submodalidades descritos en este libro son formas más rápidas y poderosas de obtener cambio personal que los primeros métodos de la PNL. Si bien hay sólo tres modalidades principales, son muchas las Submodalidades dentro de cada una de ellas.

Las Submodalidades son, literalmente, las maneras en que nuestro cerebro clasifica y codifica nuestra experiencia. Los patrones de cambio de Submodalidades pueden ser empleados para cambiar directamente el "software" humano, los estilos en que pensamos y que respondemos a nuestras experiencias.

Algunos críticos sostienen que la PNL es demasiado "fría" y "técnica", y que, aunque puede ser exitosa con hábitos simples y con algunas fobias, elude los "temas existenciales de fondo". Nos interesan los comentarios de tales críticas a los métodos para cambiar las comprensiones y creencias, que se demuestran en los capítulos 6 y 7.

Este texto abre la puerta a una nueva manera práctica de comprender cómo trabaja la mente. Y, lo más importante, enseña principios específicos simples, que ustedes pueden usar para "manejar su propio cerebro". Les aclara cómo cambiar su propia experiencia cuando no les agrada, y a aumentar su gozo cuando su vida marcha bien.

Muchos de nosotros tenemos la habilidad de tomar principios conocidos y hacer adaptaciones útiles de tales principios, o introducir una pequeña innovación de vez en cuando. El genio especial de Bandler es su capacidad sin igual para delinear reiteradamente principios nuevos, tornarlos accesibles al resto de nosotros. Su sentido del humor puede a veces parecer cáustico y arrogante, especialmente cuando lo dirige hacia los psicólogos y psiquiatras (¡aunque otros "expertos" también reciben su cuota!). Esto es al menos parcialmente comprensible cuando uno constata que, pese a que la cura de diez minutos de la PNL para las fobias trauma se publicó hace ya más de seis años, la mayoría de los psicólogos continúan creyendo que se requieren meses o años de conversación y de fármaco (y varios miles de dólares) para curar una fobia. Conocemos bien la frustración de que se nos diga "No puede hacerse", después que lo hemos demostrado cientos de veces, y enseñado a muchos otros para que se efectúen consistentemente.

Cuando ocurre una innovación técnica de importancia en cualquier industria, los fabricantes de todo el mundo están ansiosos por usar de inmediato el nuevo método, porque saben que, si titubean, los competidores los superarán. Desafortunadamente, existe mucha más inercia en el campo de la psicología, en el cual los profesionales ganan más dinero mientras más se demoren en resolver un problema. Puesto que se premia la incompetencia, los métodos nuevos y superiores tardan mucho más en ser aceptados.

Muchos han lamentado esta inercia en el campo de la psicología Salvador Minuchin, el bien conocido innovador en el campo de la terapia familiar, recientemente dijo:

"¿Cómo respondió la gente a nuestros hallazgos? Defendiendo sus propios paradigmas. En respuesta al nuevo conocimiento, esta siempre el problema de como mantenerse haciendo las cosas en las cuales uno fue entrenado."

Pese a esta indolencia, hay muchas excepciones dentro de lo campos de la psicología y de la psiquiatría, profesionales ansiosos de aprender cualquier método que beneficiará a sus clientes, estimulándolo a progresar más rápido, mejor y más acuciosamente. Esperamos que este libro encuentre el camino hasta sus manos.

Varios años atrás nos percatamos de la nueva dirección que el genio de Richard Bandler estaba explorando, y de cuan útiles estos patrones podían ser para toda la gente si fueran más ampliamente conocidos. Sin embargo, ha sido nuestra fascinación personal con las Submodalidades la que nos ha llevado a crear este libro.

Nuestra materia prima fueron grabaciones magnetofónicas y transcripciones de un gran número de seminarios y talleres, recientes de Richard. Enseguida vino un largo proceso de selección y organización de este material, de experimentar personalmente con él, y de enseñarlo a otros a fin de ganar una mayor comprensión. Finalmente, basados en lo que habíamos aprendido, hemos puesto el material en forma de texto. Hemos tratado de preservar el estilo vivo y el sabor de los seminarios originales y, al mismo tiempo, reorganizado y ordenado los contenidos para hacerlos más fáciles de entender.

La mayoría de las obras en campos que se desarrollan rápidamente están atrasadas en 5 ó 10 años en el momento en que son publicadas. La mayor parte del material de ésta tiene 3 años. Hay muchos otros patrones nuevos de Submodalidades que se enseñan ahora en seminarios avanzados de PNL, y Richard continúa desarrollando otros más.

Uno de los principios básicos de la PNL es que el orden o la secuencia de las experiencias, al igual que el orden o la secuencia de las palabras en una frase, afecta su significado. El orden de los capítulos de este libro ha sido cuidadosamente planeado. Puesto que mucho del material en los capítulos posteriores presupone que ustedes poseen la información y la experiencia presentada en los primeros capítulos, tendrán una comprensión mucho más completa si los leen en orden.

Otro principio básico de la PNL: las palabras son etiquetas inadecuadas e incompletas para las experiencias. Una cosa es leer sobre clavar un clavo en una tabla, y una experiencia totalmente diferente es sentir un martillo en la mano y oír un satisfactorio "paf' cuando el clavo se hunde en el trozo de madera. Y otro tipo de experiencia es sentir la vibración en el martillo y observar al clavo doblarse, mientras se oye el "ping" que indica que hay un nudo escondido en la madera.

Los patrones de este libro representan herramientas. Como todas las herramientas, deben ser usados para ser totalmente comprendidos, y deben ser practicados para ser usados con efectividad consistente. Ustedes pueden hojearlo rápidamente si quieren tener una idea de lo que hay en él. Pero si realmente buscan ser capaces de usar esta información, asegúrense de ponerla en práctica con su propia experiencia y con otros, o su conocimiento sólo será "académico".

Connirae Andreas

Steve Andreas

Boulder. Colorado

Abril 1985.

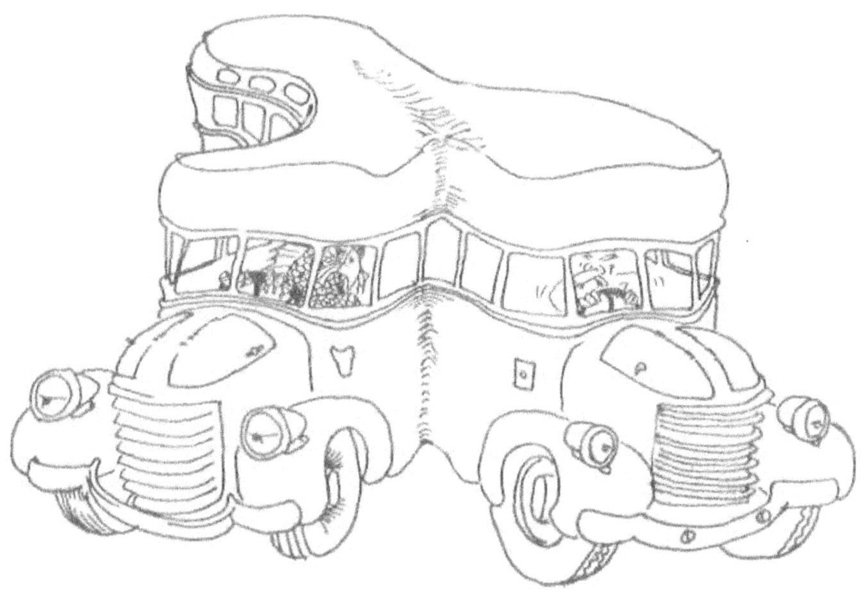

## I. ¿Quién maneja el bus?

Programación Neuro-Lingüística es un nombre que inventé para evitar la especialización en un campo u otro. En la universidad yo era una de esas personas que no atinaban a decidirse, y decidí continuar así. Una de las cosas que la PNL representa es una manera de enfocar el aprendizaje humano. Aunque muchos psicólogos y trabajadores sociales usan la PNL para hacer lo que ellos llaman "terapia", creo que es más apropiado describir la PNL como un proceso educativo. Básicamente, desarrollamos maneras de enseñarle a la gente a usar su propia cabeza.

La mayoría de la gente no utiliza sus propios cerebros en forma activa y deliberada. Su mente es como una máquina carente de un interruptor que la pueda desconectar. Si usted no le da alguna tarea, gira y gira hasta que se aburre. Si se pone a alguien en un tanque de privación sensorial donde no hay experiencias externas, este pronto comenzará a generar experiencias internas. Si su cerebro está sentado sin ninguna ocupación, va a comenzar a hacer algo, y no parece importar qué es ese algo. A usted puede importarle, pero a él no.

Por ejemplo, ¿les ha sucedido alguna vez que andan por ahí muy tranquilos, preocupados de sus cosas, o totalmente dormidos, y de súbito su cerebro les manda una imagen que los deja aterrados? ¿Cuán a menudo la gente despierta a medianoche porque han revivido una experiencia extásicamente placentera? Si les ha tocado un mal día, entonces más tarde su cerebro les pasará una y otra vez la película vívidamente. No es suficiente que hayan soportado un mal día; estas imágenes pueden arruinarles toda la noche y tal vez incluso parte de la semana siguiente.

La mayoría de la gente no se detiene ahí. ¿Cuántos de ustedes piensan en cosas desagradables acaecidas tiempo atrás? Es como si su cerebro estuviera diciendo "Hagámoslo de nuevo. Tenemos una hora antes de almorzar, pensemos en algo realmente deprimente. Quizás nos podemos enojar por ello tres años más tarde." ¿Han oído sobre los "asuntos sin terminar o inconclusos"? En realidad, están concluidos y terminados: sólo que a ustedes no les gusta la manera como cayó el telón.

Quisiera que ustedes descubran cómo pueden aprender a cambiar su propia experiencia, y a obtener control sobre lo que sucede en su cerebro. La mayoría de las personas son prisioneros de sus propios cerebros. Es como si permanecieran encadenados al último asiento del bus y que otro se encargara de conducirlo. Quisiera que aprendan a manejar su propio bus. Si no les dan a sus cerebros un poco de dirección, o andarán por su cuenta, u otra gente encontrará maneras de manejárselo por ustedes, y quizás ellos no tengan en cuenta su mejor interés. Incluso si lo hacen, ¡quizás se equivoquen!

La PNL es una oportunidad de ser capaz de estudiar la subjetividad, algo que en la escuela me dijeron que es una monstruosidad. Me puntualizaron que la ciencia verdadera mira objetivamente las cosas. Sin embargo, yo noté que a mí me influía más mi experiencia subjetiva, y quise saber algo más sobre como funcionaba y como afectaba a los demás. En este seminario voy a efectuar algunos juegos mentales con ustedes, ya que el cerebro es mi juguete favorito.

¿A cuántos de ustedes les gustaría desarrollar una "memoria fotográfica"? ¿Y cuántos de ustedes recuerdan vívidamente experiencias pasadas desagradables, una y otra vez? Ciertamente, eso le da sabor a la vida. Si ustedes presencian una película de terror, y van a casa y se sientan, el acto de sentarse tenderá a retraerlos al asiento del cine. ¿Cuántos de ustedes han tenido esa experiencia? ¡Y alegan que no disponen de memoria fotográfica! Ya tienen una; sólo que no la están usando en forma dirigida. Si son capaces de demostrar una memoria fotográfica cuando se trata de recordar tonterías del pasado, sería agradable que pudieran deliberadamente emplear parte de esa habilidad para experiencias más útiles.

¿Cuántos de ustedes han pensado alguna vez sobre algo que no había sucedido aún, y se han sentido mal sobre ello antes de tiempo? ¿Por qué esperar? Podrían comenzar a torturarse ahora, de inmediato, ¿no es así? Y, entonces, después eso no sucedió. Pero no se perdieron esa experiencia, ¿verdad?

Esa habilidad funciona también en el otro sentido. Algunos de ustedes han gozado de mejores vacaciones antes de salir, y luego se desilusionan cuando llegan. La desilusión exige una planificación adecuada. ¿Han sopesado alguna vez cuánto trabajo y molestias hay que tomarse a fin de estar decepcionados? Realmente tienen que planear con mucho cuidado para ello. Mientras más planificación, más decepción. Alguna gente va al cine y enseguida dice "No era tan buena como lo había previsto". En consecuencia, si tenían una película tan buena dentro de su cabeza, ¿para qué fueron al cine? ¿Para qué sentarse en una sala con butacas incómodas para observar una película, y luego afirmar "¿Puedo filmar algo mejor que eso dentro de mi cabeza, y ni siquiera conocía el guion"?

Este es el tipo de fenómenos que suceden si autorizan a sus cerebros para que marchen por su cuenta. La gente invierte mucho más tiempo en aprender cómo usar un procesador de alimentos que en aprender correctamente a explotar su cerebro. No se pone mucho énfasis en utilizar deliberadamente sus cerebros de maneras distintas a lo que normalmente hacen. Se supone que "sean ustedes mismos", como si existiera una alternativa. Se clavará con eso, créanme. Calculo que les podría borrar todos sus recuerdos con electroshock, y convertirlos entonces en otras personas, pero los resultados que he visto no son muy alentadores. A menos que encontremos algo parecido a una máquina para borrar mentes, creo que están clavados con ustedes mismos. Y eso no es tan negativo, porque pueden aprender a usar sus cerebros de maneras más funcionales. De eso trata la Programación Neurolingüística.

Cuando recién comencé mi campaña, algunas personas creyeron que la PNL ayudaría a programar las mentes de otras personas, para controlarlas y volverlas menos humanas. Parecían albergar la idea de que el cambiar deliberadamente a una persona, de alguna manera reduciría su humanidad. Casi nadie opone resistencia a cambiarse a sí mismos con antibióticos y cosméticos, pero al tratarse de la conducta, sería algo diferente. Nunca he entendido como el cambiar a alguien y hacerlo más feliz lo convierte en menos humano. Pero he notado cuanta gente es especialista en lograr que sus maridos o sus mujeres o sus niños, e incluso personas extrañas, puedan sentirse mal tan sólo por "ser ellos mismos". A veces les pregunto "¿Por qué ser su 'yo' real cuando pueden ser algo que valga la pena?" Quiero presentarles algunas de las infinitas posibilidades de aprendizaje y cambio que están a disposición de ustedes si comienzan a usar sus cerebros deliberadamente.

Hubo un tiempo en que los cineastas filmaban películas según las cuales los computadores se iban a enseñorear sobre el mundo. La gente empezó a pensar en ellos no como herramientas, sino como artefactos que reemplazaban a la gente. Pero si ustedes han visto los computadores personales, saben que tienen programas para cosas tales como la revisión de su cuenta corriente. Eso en un computador demora como seis veces el tiempo que requiere el hacerlo a mano. No sólo hay que escribir las sumas en el talonario, sino que también hay que ingresarlas al computador. Así los computadores personales se transforman en maceteros, esos objetos donde se meten las flores. Se juega un rato con el juguete nuevo y después de un tiempo se lo guarda en el armario. Cuando los visitan amigos a los que no han visto por mucho tiempo, se lo saca para que se entretengan con los juegos con los que ustedes ya se aburrieron para lo que sirve un computador. Pero las maneras triviales como la gente han usado los computadores son bastante similares a las maneras triviales como la gente ha usado sus propias mentes.

Siempre estoy oyendo la afirmación de que uno deja de aprender cuando cumple 5 años, pero no tengo evidencia de que esto sea verdad. Deténganse y piensen en ello. Entre las edades de 5 y ahora, ¿cuántas cosas absolutamente baladíes han aprendido, prescindiendo de las importantes? Los seres humanos poseen una asombrosa capacidad de aprendizaje. Estoy convencido -y voy a convencerlos a ustedes- de que son una máquina de aprender. El lado bueno de esto es que pueden aprender cosas exquisitas y rápidamente. El lado malo es que pueden aprender idioteces tan fácilmente como pueden aprender cosas valiosas.

¿Cuántos de ustedes viven asediados por sus pensamientos? Se dicen a sí mismos "Ojalá me lo pudiera sacar de la cabeza". ¡Pero, es asombroso que lo hayan puesto ahí previamente! El cerebro es algo fenomenal. Las cosas que los lleva a realizar son absolutamente asombrosas. El problema con el cerebro no es que él no pueda aprender, como nos lo han reiterado a menudo. El problema es que aprende demasiado rápido y demasiado bien. Por ejemplo, piensen en una fobia. Es sorprendente ser capaz de recordar aterrarse cada vez que ven una araña. Nunca encontrarán a un fóbico que mire una araña y exclame "¡Oh demonios, se me olvidó asustarme!" ¿Hay algo que les gustaría aprender tan concienzudamente? Cuando se analiza de esta manera, una fobia es un tremendo logro de aprendizaje. Es un aprendizaje que no falla nunca. Y si ustedes se meten en la historia de la persona, con frecuencia hallarán que fue un aprendizaje de un solo ensayo: bastó sólo una experiencia instantánea para que esa persona aprendiera algo tan profundamente que lo recordará el resto de su vida.

¿Cuántos de ustedes han leído sobre Pavlov, sus perros, la campana y todo ese asunto? ¿Y cuántos de ustedes estarán salivando en este momento? Hubo que poner al perro en un arnés y tocar la campana y darle alimento una y otra vez para grabarle esa respuesta. Todo lo que ustedes hicieron fue leer sobre eso, y tienen la misma respuesta del perro. No es algo grande, pero sí una indicación de cuan rápidamente puede aprender su cerebro. Ustedes pueden aprender más rápido que cualquier computador. Necesitamos saber más sobre la experiencia subjetiva de aprender, de manera que puedan dirigir su propio aprendizaje y controlar más su propia experiencia y lo que aprenden.

¿Están ustedes familiarizados con el fenómeno de "nuestra canción"? Durante un período, cuando ustedes convivieron con alguien muy especial, tenían una canción favorita que escuchaban mucho. Ahora, cada vez, que oyen esa canción, piensan en esa persona y sienten de nuevo esos sentimientos agradables. Funciona al igual que Pavlov y la salivación. La mayoría de la gente desconoce cuan fácil es ligar experiencias de esa manera, o cuan rápidamente pueden suscitarlas si proceden sistemáticamente.

Una vez vi a un terapeuta crear un agarofóbico en una sesión. El terapeuta, un hombre agradable y bien intencionado, le gustaban sus pacientes. Tenía años de entrenamiento clínico, pero ignoraba lo que estaba haciendo. Su cliente vino con una fobia específica a las alturas. El le pidió al tipo que cerrara los ojos y pensara en alturas. Uff, el tipo se pone rojo y empieza a temblar. "Ahora piense en algo que lo tranquilizaría". Ummm. "Ahora piense en las alturas". Uff. "Ahora piense que va cómodamente manejando su auto". "Ahora piense en las alturas". Ufff.

El tipo terminó con fobia acerca de casi todo en su vida, lo que a menudo se llama agarofobia. En cierta forma, lo que el terapeuta hizo fue brillante. Cambió los sentimientos del cliente ligando experiencias. Su opción de generalizar un sentimiento, sin embargo, no es mi idea de la mejor opción. Vinculó el sentimiento de pánico del sujeto a todos los contextos que solían ser tranquilizadores en su vida. Ustedes pueden usar exactamente el mismo proceso para generalizar un buen sentimiento. Si bien ese terapeuta hubiese comprendido el proceso, podría haberlo invertido.

He visto lo mismo en terapia de parejas. La mujer parte quejándose de algo que el marido hizo, y el terapeuta dice "Mire a su marido mientras lo acusa. Tienen que contactarse mirándose". Eso conectará todos esos malos sentimientos con el rostro del marido, de modo que cada vez que ella lo mire volverán a irrumpir esos sentimientos.

*Virginia Satir* usa el mismo proceso en terapia de familia, pero al revés. Le pregunta a una pareja sobre momentos especiales en los primeros días de su romance, y cuando empiezan a ponerse radiantes entonces hace que se miren. Puede añadir "Y quisiera que se den cuenta de que esta es la misma persona de la cual se enamoraron hace diez años". Esto conecta un sentimiento bastante diferente al rostro del esposo, un sentimiento más útil.

Una pareja que vino a verme había estado en terapia con otra persona por algún tiempo, y aún peleaban. Solían pelear todo el tiempo en la casa, pero cuando vinieron a verme sólo peleaban en la oficina del terapeuta. Probablemente, el terapeuta planteó algo así: "Ahora quiero que reserven todas sus peleas para nuestras sesiones, de modo que yo pueda observar cómo las provocan".

Yo quería descubrir si las disputas estaban ligadas al terapeuta o a su oficina, y por tanto los hice experimentar. Encontré que si iban a la oficina del terapeuta cuando él no estaba, no peleaban, pero si él organizaba una sesión en la casa de ellos, peleaban. Así es que les indiqué que no vieran más a ese terapeuta. Fue una solución simple, que les ahorró mucho tiempo y dinero.

Un cliente mío no podía enojarse, porque de inmediato se asustaba muchísimo. Podría decirse que tenía fobia al enojo. Resultó que cuando niño, cada vez que se enojaba sus padres se enfurecían y lo asustaban de tal modo que seguía aterrorizado hasta la mitad de la semana siguiente, de modo que los dos sentimientos se ligaron. Era adulto y hacía 15 años que no vivía con sus padres, pero aún respondía igual.

Llegué a este mundo del cambio personal desde el mundo de las matemáticas y las ciencias de la información. La gente de computación no quiere que las cosas de su campo tengan algo que ver con los demás. Se refieren a ello con la frase "Ensuciándose las manos". Les gusta trabajar con brillantes computadores y lucir chaquetas blancas de laboratorio. Pero descubrí que no hay mejor representación de la forma como trabaja mi cerebro -sobre todo en término de sus limitaciones- que un computador. Proponerse que un computador haga algo, por simple que sea, es muy similar a proponerse que una persona haga algo.

La mayoría de ustedes conoce los juegos de computación. Incluso los más sencillos, son difíciles de programar porque hay que usar los muy limitados mecanismos de comunicación de la máquina. Cuando le instruyen que haga algo, su instrucción debe estar organizada de tal manera que la información pueda ser procesada para que el computador cumpla la tarea. Los cerebros, como los computadores, no son amigos de los usuarios. Hacen exactamente lo que se les dice que hagan, no lo que usted quiere que hagan. Entonces usted se indigna con ellos ¡porque no hacen lo que pensaba pedirles que hicieran!

Una de las tareas de programación se llama "modelar", y es lo que yo hago. Consiste en que un computador efectúe algo que un ser humano puede hacer. ¿Cómo se logra que una máquina evalúe, resuelva un problema de matemáticas o encienda y apague una luz en el momento preciso? Los seres humanos pueden encender o apagar una luz, o resolver un problema matemático. Algunos lo hacen bien, otros lo hacen bien a veces, y otros nada de bien. Un modelador toma la mejor representación de la manera en que una persona ejecuta una tarea determinada y la hace disponible en una máquina. No importa si esa representación es realmente cómo la gente enfrenta la tarea. Los modeladores no aspiran a la verdad. Todo lo que tenemos que tener es algo que funcione. Nosotros somos quienes hacemos los libros de cocina. No queremos saber por qué es una torta de chocolate, sólo qué poner en ella para que resulte bien. El conocer una receta no implica que no existan muchas otras formas de preparación. Queremos saber cómo ir, paso a paso, desde los ingredientes a la torta de chocolate. También queremos saber cómo partir de la torta de chocolate e ir atrás hacia los ingredientes, como cuando alguien se opone a revelarnos la receta.

Desmenuzar la información es la labor de un científico de la información. Tal vez la información más interesante que se puede obtener es la subjetividad de otro ser humano. Si alguien puede realizar algo, nosotros queremos modelar esa conducta y nuestros modelos son de experiencia subjetiva. "¿Qué hace ella dentro de su cabeza que yo pueda aprender a hacer?". No puedo apropiarme instantáneamente de sus años de experiencia y de la depuración y elegancia que eso produce, pero puedo muy rápidamente obtener información importante sobre la estructura de lo que ella hace.

Cuando comencé modelando, parecía lógico descubrir lo que la psicología ya había aprendido sobre cómo piensa la gente. Pero, cuando me sumergí en la psicología, encontré que el campo consistía principalmente de una enorme cantidad de descripciones sobre cómo las personas andaban mal. Había unas pocas descripciones vagas de lo que significaba ser "una persona entera" o "actualizada" o "integral", pero la mayoría eran descripciones acerca de cómo la gente se quebraba.

El actual Manual Diagnóstico y Estadístico III (DSM III) usado por psiquiatras y psicólogos posee más de 450 páginas de descripciones de cómo pueden derrumbarse, y ni una sola página que describa la salud. La esquizofrenia es un estilo muy prestigiado de romperse; la catatonia, uno muy pacífico. Aunque la parálisis histérica alcanzó su máxima popularidad durante la Primera Guerra Mundial, ahora está obsoleta; sólo se la encuentra ocasionalmente en inmigrantes de muy poca educación, un tanto desubicados con los tiempos. Afortunados los que puedan encontrar uno ahora. Yo sólo he visto cinco en los últimos 7 años, y dos de ellas las fabriqué con hipnosis. Hoy en día "limítrofe" es una forma muy popular de quebrarse. Quiere decir que no se está totalmente loco, pero tampoco totalmente normal, ¡cómo si alguien lo estuviera! Por allá por los años 50, después de "Las tres caras de Eva", las personalidades múltiples siempre eran tres. Pero desde "Sybil", quien presentaba 17 personalidades, estamos viendo que todas tienen más de 3.

Si estiman que estoy ensañándome con los psicólogos, esperen. Vean ustedes, nosotros los programadores en computación somos tan locos que podemos pinchar a cualquiera. Quienquiera que se siente todos los días frente a un computador, pugnando por reducir la experiencia a ceros y unos, está tan fuera de la realidad humana normal que puedo decirle a alguien está loco, y aún estar peor.

Hace mucho tiempo decidí que, puesto que no había nadie que estuviera tan chiflado como yo, lo más probable era que la gente realmente no podía hallarse mal. Lo que he notado desde entonces es que la gente funciona perfectamente. Puede que a mí no me guste lo que hacen, o que a ellos mismos no les guste, pero son capaces de repetirlo una y otra vez, sistemáticamente. No es que estén mal, sino que están haciendo algo diferente a lo que nosotros, o ellos, quisiéramos que aconteciera.

Si ustedes forman imágenes vívidas en su mente -en especial si las pueden hacer externamente-, pueden titularse de ingeniero civil o de sicótico. Uno es más rentable que el otro, pero menos divertido. Lo que la gente hace tiene una determinada estructura, y si pueden descubrir esa estructura cabe imaginar también cómo cambiarla. Además, pueden pensar en contextos donde esa estructura es ideal. Piensen en la procastinación. ¿Qué pasaría si usan esa destreza para posponer la cólera cuando alguien los insulta? "Oh, sé que debiera enojarme ahora, pero lo haré después". ¡Y qué si postergan para siempre el comer torta de chocolate!

Sin embargo, mucha gente no se comporta así. La base subyacente de la mayor parte de la psicología es "¿Qué está mal?" Después que un psicólogo acuña un nombre para lo que está mal, indaga cuándo usted se puso mal y qué lo puso mal. Entonces cree que sabe por qué usted se descompuso.

Si ustedes suponen que alguien está mal, entonces la próxima tarea es averiguar si puede o no ser arreglado. Los psicólogos nunca han estado muy interesados en cómo usted se puso mal o cómo continúa manteniendo esa situación.

Cuando fui instructor del personal de un hospital mental, les sugerí que estudiaran a sus esquizofrénicos sólo lo suficiente como para detectar que era lo que no podían hacer. A continuación; correspondía estudiar a las personas normales para detectar cómo hacen las mismas cosas, y enseñárselas a los esquizofrénicos.

Por ejemplo, una mujer tenía el siguiente problema: si su mente inventaba algo, unos minutos después no podía distinguir eso de sus recuerdos, de algo que había realmente sucedido. Cuando una imagen surgía en su mente, no tenía forma de aclarar si era algo que había visto o que se había imaginado. Esto la confundía y la asustaba más que una buena película de terror. Le aconsejé que cuando se imaginara cosas les pusiera alrededor un borde negro, a fin de que al recordarlas fueran diferentes de los otros recuerdos. Lo probó y funcionó bien, excepto por las imágenes que había producido antes de que yo interviniera. Sin embargo, resultó ser un buen punto de partida. Tan pronto como le dije con exactitud que hacer, se desempeñó perfectamente. Por supuesto su ficha clínica tenía un grosor de 10 centímetros, con 12 años de análisis de psicólogos y descripciones de como andaba mal. Buscaban "el significado interior, profundo y oculto". Había asistido a demasiadas clases de literatura y el cambio es mucho más fácil que eso, sí es que saben orientarse.

Casi todos los psicólogos opinan que es complicado comunicarse con los locos. Esto es parcialmente verdadero, pero también es parcial mente el resultado de lo que hacen con los locos. Si alguien se pone un poco extraño, lo sacan de circulación, lo llenan de tranquilizantes y le encierran en unas barracas con otros treinta locos. Lo observan por 7 horas y certifican "Oh, está actuando raro". ¡Suponen que el resto de nosotros no actuaría en forma bizarra en las mismas condiciones!

¿Cuantos de ustedes han leído el artículo "Gente sana en lugares insanos"? (1). Un sociólogo planeó que algunos estudiantes graduados sanos y felices se internaran en hospitales mentales como parte de un experimento. A todos se les diagnosticó problemas severos. A la mayoría de ellos les resultó arduo escapar de ahí, porque el personal dedujo que su deseo de salir era una confirmación de su enfermedad. Hablen ahora de la "Trampa 22". Los pacientes se percataron de que los estudiantes estaban cuerdos, y el personal no.

Algunos años atrás, cuando yo examinaba diferentes métodos del cambio, la gente consideraba que los psicólogos y psiquiatras eran expertos en esto del cambio personal. Yo concluí que muchos de ellos eran de hecho excelentes demostraciones vivas de la psicosis y neurosis. ¿Alguna vez han divisado un "ello"?, ¿Y qué hay de una "formación reactiva libidinal infantil"? Cualquiera que hable así no merece andar llamando locos a otras personas.

Muchos psicólogos opinan que los catatónicos son realmente difíciles, porque cuesta lograr que se comuniquen con uno. Sólo se quedan sentados en la misma posición, sin siquiera moverse, hasta que alguien lo mueve. Es muy fácil comunicarse con un catatónico. Basta con golpearle una mano con un martillo una vez. Cuando levanten el martillo otra vez retirará su mano y gritará "No me haga eso". Lo anterior no significa que esté "sano", pero sí en un estado donde es posible comunicarse con él; eso es lo central.

Durante un tiempo le pedí a los psiquiatras locales que me enviaran a sus clientes más extraños, con los cuales existían dificultades. Encontré que, a la larga, es más cómodo trabajar con pacientes raros. Creo que es más fácil trabajar con un esquizofrénico rabioso que pretender que una persona normal deje de fumar cuando no quiere. Los psicóticos parecen ser impredecibles, y parecen entrar y salir inesperadamente de su locura. No obstante, como todo lo demás que efectúa la gente, la psicosis presenta una estructura sistemática. Ni siquiera un esquizofrénico despierta un buen día como maníaco-depresivo. Si averiguan cómo funciona esa estructura, ustedes podrán inducirlos a entrar y salir de ella. Al aprenderlo bien, incluso podrán practicar con ustedes mismos. Si alguna vez quieren obtener una habitación en un hotel que está lleno, no hay mejor arma que montar un episodio sicótico. Eso sí es mejor que sepan cómo salirse del episodio, o la pieza que les asignen va a ser una de esas acolchadas.

Siempre he pensado que el enfoque de la psicosis de John Rosen es el más útil: penetren en la realidad del sicótico y luego échenla a perder, arruínensela. Hay muchas maneras de hacer esto y algunas de ellas no son tan obvias. Por ejemplo, yo atendía a un hombre que oía voces que salían de los enchufes eléctricos en las paredes, y la voz lo obligaba a realizar cosas. Me imaginé que, si conseguía que sus alucinaciones fueran reales, no sería más esquizofrénico. Por tanto, escondí un parlante en un enchufe de mi sala de espera. Cuando llegó, el enchufe saludó "Hola". El tipo se volvió, lo miró y dijo "No suenas igual".

"Soy una nueva voz. ¿Creíste que sólo había una?" "¿De dónde vienes?" "¿Y qué te importa?"

Esto lo hizo avanzar. Puesto que tenía que obedecer a la voz, usé la nueva voz para impartirle las instrucciones que necesitaba para cambiar su conducta. La mayoría de las personas se sujetan de la realidad y responden a ella. Cuando yo agarro la realidad, ¡la tuerzo! No creo que la gente esté quebrada. Sólo que han aprendido a desempeñar un rol. Mucho de lo que la gente ha aprendido a hacer es bastante sorprendente, y me asombro más fuera de los hospitales mentales que dentro de ellos. La experiencia de las personas no es sobre la realidad, sino sobre la realidad compartida. Hay gente que llega hasta mi puerta, me regala revistas religiosas y me informa que el mundo se acabará dentro de dos semanas. Hablan de los ángeles y le hablan a Dios, pero no se los califica de locos. Pero si a una persona que está sola la sorprenden conversando con un ángel, se dice que es un enfermo, lo llevan a un hospital y lo intoxican con drogas. Cuando construyan una nueva realidad, asegúrense de hallar a un amigo con quien compartirla, o podrán meterse en un lío. Esa es una de las razones por las que enseño PNL. Quiero contar al menos con un grupo que comparta esta realidad, y evitar que los hombres de delantal blanco me capturen.

Los físicos también tienen una realidad compartida. Fuera de eso, no hay realmente mucha diferencia entre ser físico y ser esquizofrénico. Ellos también aluden a cosas que no se ven. ¿Cuántos de ustedes han visto un átomo, y mucho menos una partícula subatómica? Hay una diferencia: los físicos son un poco más tentativos en sus alucinaciones, a las que llaman "modelos" o "teorías". Cuando una de sus alucinaciones es puesta en duda por nuevos datos, les cuesta un poco menos desactivar sus viejas ideas.

La mayoría de ustedes asimiló un modelo del átomo según el cual había un núcleo formado por protones y neutrones, con electrones todos volaban alrededor como pequeños planetas. Niels Bohr obtuvo el Premio Nobel por tal descripción, en 1920. Por casi 50 años ese modelo fue base de un enorme número de avances e inventos, tales como el plástico de las sillas que ustedes ocupan.

En fecha reciente, los físicos determinaron que la descripción Bohr era errónea. Pensé que lo despojarían del Premio Nobel, pero lo que supe es que había muerto y que el dinero se esfumó. Lo increíble es que todos los descubrimientos derivados de un modelo "errado" aún están ahí, las sillas de plástico no desaparecieron porque los físicos cambiaran de opinión. La física se presenta como una ciencia muy "objetiva", pero me doy cuenta de que la física cambia y el mundo sigue igual, así es que debe de haber algo subjetivo en la física.

Einstein fue uno de los héroes de mi niñez. Redujo la física a eso que los psicólogos llaman una "fantasía dirigida", y que para él era un "experimento del pensamiento". Visualizó como sería viajar en el punto de un rayo de luz. ¡Y algunos lo califican de académico y objetivo! Uno de los resultados de este particular experimento del pensamiento fue su famosa teoría de la relatividad.

La PNL sólo difiere en que inventamos mentiras deliberadamente a fin de procurar entender la experiencia subjetiva de un ser humano. Al abordar la subjetividad, no sirve de nada pugnar por ser objetivo. En consecuencia, vamos a iniciar algunas experiencias subjetivas...

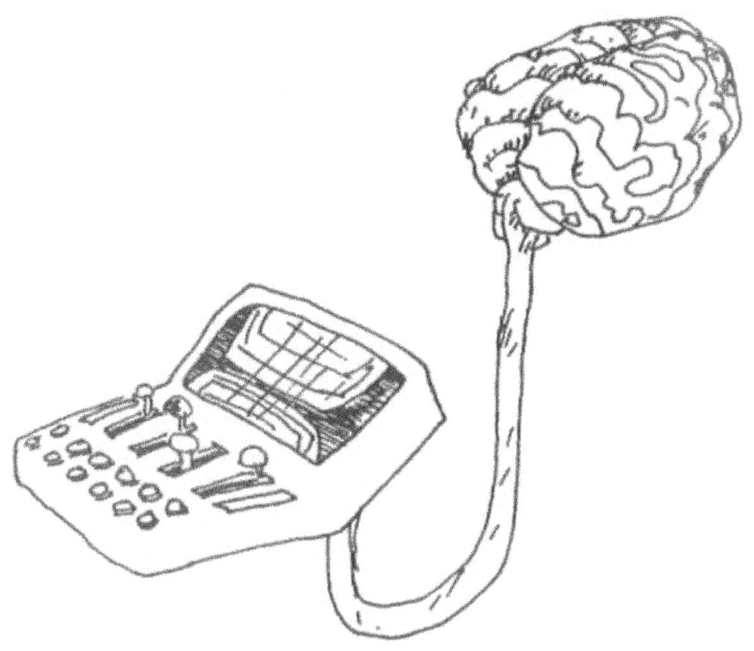

**Manejando tu Propio Cerebro**

Me gustaría que probaran algunos experimentos simples, y enseñarles un poquito sobre cómo manejar su propio cerebro. Necesitarán esta experiencia para comprender el resto de este libro, de modo que les recomiendo que hagan los siguientes experimentos breves.

Seleccionen una experiencia pasada muy agradable, tal vez una en la que no han pensado por mucho tiempo. Deténganse por un instante para volver a ese recuerdo, y asegúrense que ven lo que vieron en el momento en que sucedió ese hecho agradable. Pueden cerrar los ojos si les resulta más fácil así...

Mientras miran ese recuerdo agradable, quiero que cambien la brillantez de la imagen, y noten como cambian sus sentimientos en respuesta a ello.

Primero, háganlo más y más brillante... Ahora oscurézcanlo más y más, hasta que apenas puedan verlo... Ahora de nuevo vuélvanlo brillante...

¿Cómo cambia eso la manera como ustedes sienten? Siempre hay excepciones, pero para la mayoría de la gente cuando la imagen se hace más brillante los sentimientos son más Fuertes. Al aumentar el brillo generalmente aumenta la intensidad de los sentimientos, y al disminuirlo generalmente disminuye la intensidad de los sentimientos.

¿Cuantos de ustedes pensaron alguna vez en la posibilidad de variar intencionalmente el brillo de una imagen interna, a fin de sentirse diferentes? La mayoría deja que su cerebro muestre cualquier imagen al azar, y en respuesta a ella ustedes se sienten bien o mal.

Ahora seleccionen un recuerdo desagradable, algo que mientras piensan en eso los aplasta. Ahora oscurezcan más y más la imagen... Sí la oscurecen lo suficiente, no los molestará más. Ahora pueden ahorrase miles de dólares en cuentas de psicoterapia.

Yo aprendí estas técnicas gracias a personas que ya las dominaban. Una mujer me contó que vivía feliz todo el tiempo, que no dejaba que las cosas la afectaran. Le pregunté cómo lo hacía.

Me replicó: "Bien cuando esos pensamientos desagradables invaden mi mente, yo les disminuyo el brillo".

El brillo es una de las "submodalidades" de la modalidad visual. Las submodalidades son elementos universales que pueden usarse para cambiar cualquier imagen visual, sin importar su contenido. Las modalidades auditiva y kinestésica también poseen submodalidades, pero por ahora jugaremos con las submodalidades visuales.

El brillo o luminosidad es sólo uno de los muchos aspectos que pueden variar. Antes que vayamos a los otros, quiero hablarles sobre las excepciones al impacto que generalmente tiene el brillo. Si iluminan tanto una imagen que los detalles desaparecen y se vuelve casi blanca, eso reducirá, más que aumentar, la intensidad de sus sentimientos. Generalmente la relación no se mantiene en el extremo superior. Para algunas personas, la relación se invierte en la mayoría de los contextos, de manera que al aumentar el brillo disminuye la intensidad de sus sentimientos.

Algunas excepciones obedecen al contenido. Cuando su recuerdo agradable es una imagen a la luz de las velas o al atardecer o parte de su encanto especial se debe a la penumbra, si se abrillanta la imagen sus sentimientos podrán atenuarse. Por el contrario, si recordaron un episodio de pánico en medio de la oscuridad, el pánico puede atribuirse al hecho de no ver lo que estaba ahí. Si iluminan la imagen y ven que ahí no hay nada, su miedo disminuirá. Así es que siempre hay excepciones, y cuando se examinan también las excepciones cobran sentido. Cualquiera que sea la relación, cabe emplear la información para cambiar su experiencia.

Ahora juguemos con otra variable de submodalidades. Elijan otro recuerdo agradable y varíen el tamaño de la imagen. Primero, más y más grande... enseguida, más y más pequeña, y noten como cambian sus sentimientos...

La relación habitual es que una imagen más grande intensifica su respuesta, y que una imagen más pequeña la disminuye. Pero nuevamente hay excepciones, sobre todo en el extremo superior de la escala. Cuando una imagen se torna muy grande, puede súbitamente parecer ridícula o irreal. Su reacción puede entonces cambiar de calidad en vez de intensidad; del placer a la risa, por ejemplo.

Si cambian el tamaño de una imagen desagradable, probablemente encontrarán que al achicarla también disminuyen sus sentimientos. Si el hacerla muy grande la convierte en ridícula y risible, también pueden valerse de eso para sentirse mejor. Pruébenlo. Descubran que es lo que le resulta a cada uno de ustedes.

Al margen de cual sea la relación, lo que interesa es que descubran como funciona para ustedes su cerebro, y puedan aprender así a controlar su experiencia. Si reparan en ello, nada debería sorprenderlos. La gente habla de "porvenir oscuro" o de "brillantes perspectivas". "Todo se ve negro" "Mi mente quedó en blanco". "Es algo mínimo, pero ella lo transformo en algo gigantesco". Cuando alguien se expresa así, no es metáfora, generalmente, es una descripción literal y precisa de lo que la persona ha experimentado en su interior, en su subjetividad, por así decir.

Si alguien "exagera algo fuera de toda proporción", pídanle que achique la imagen. Si ve el futuro "tenebroso", aconséjenle que lo abrillante. Parece simple... y lo es.

En su mente se anidan todas estas cosas con las cuales jamás pensaron que se podía jugar. No quieren andar "revolviéndola" con sus cabezas, ¿verdad? Entonces dejen que otros lo hagan por ustedes. Todas las cosas que pasan en su mente los afectan, y todas se hallan potencialmente dentro de su control. El asunto es: "¿Quién va a manejar su cabeza?".

Enseguida quiero que varíen otros elementos visuales, a fin de descubrir como pueden cambiarlos conscientemente para influir en su respuesta. Quiero que adquieran una comprensión vivencial personal cómo pueden controlar su propia experiencia. Si se detienen e intentan cambiar las variables de la lista que sigue a continuación, habrán adquirido una base sólida para entender el resto de este libro. Si piensa que no dispone de tiempo, cierren el volumen, váyase a la parte de atrás del bus y lea algunas tiras cómicas o una revista.

Aquellos de ustedes que de veras quieran aprender a manejar su propio cerebro, elijan cualquier experiencia y traten de cambiar cada uno de los elementos visuales de la lista que sigue a continuación. Al igual como procedieron con el brillo y el tamaño, procuren marchar en una dirección... y enseguida en otra, para descubrir como cambia su experiencia.

Para que se den cuenta de como funciona su cerebro, cambien sólo un elemento a la vez. Si cambian dos o más al mismo tiempo, no sabrán si está afectando su experiencia, o cuánto. Recomiendo recurrir primero una experiencia que les resulte agradable.

1) Color. Varíen la intensidad del color desde colores intensos brillantes hasta llegar a blanco y negro.

2) Distancia. Varíen la perspectiva desde muy cerca a muy lejos.

3) Profundidad. Modifiquen la imagen desde una fotografía fija bidimensional, a la profundidad de tres dimensiones.

4) Duración. Varíen desde una aparición rápida, instantánea, a una imagen persistente que permanece algún tiempo.

5) Claridad. Cambien la imagen de una claridad cristalina en detalles, hasta hacerla borrosa.

6) Contraste. Ajusten la diferencia entre claro y oscuro, dé un contraste ligero a graduaciones más continuas de gris.

7) Alcance. Varíen desde una imagen limitada por un marco definido como un cuadro, a una imagen panorámica que continúa incluso detrás su cabeza, abarcando todo el entorno, de modo que si se dan vuelta pueden ver más de ella.

8) Movimiento. Cambien la imagen de una foto o diapositiva quieta a una cinta cinematográfica.

9) Velocidad. Ajusten la velocidad de la película desde muy despacio a muy rápido.

10) Tonalidades. Cambien el equilibrio del color. Por ejemplo, aumenten la intensidad de los rojos y disminuyan los azules y verdes.

11) Transparencia. Hagan transparentes las imágenes, de manera que puedan ver lo que hay bajo la superficie.

12) Proporciones. Hagan una imagen enmarcada alta y angosta, y enseguida ancha y baja, como en los espejos de los parques de diversiones.

13) Orientación. Inclinen la parte superior de la imagen hacia ustedes, y luego en sentido contrario.

14) Figura/Fondo. Varíen la diferencia o separación entre la figura (lo que más les interesa) y el fondo (el contexto que está ahí por casualidad) ... Enseguida traten de invertir, y que el fondo se convierta en una interesante figura. (Para ensayar con más variables, vean el Apéndice I).

Ahora la mayoría de ustedes debiera de haberse percatado de algunas de las muchas formas en que pueden cambiar su experiencia, apelando a las submodalidades. Toda vez que encuentren un elemento que funcione realmente bien, dense un respiro para imaginar dónde y cuándo les gustaría usarlo. Por ejemplo, tomen un recuerdo atemorizante, incluso algo de una película. Tomen esa imagen y rápidamente háganla muy grande, ¡qué emocionante! Si les cuesta ponerse las pilas en la mañana, pueden probar con ello en vez, del café.

Les pedí que ensayaran una submodalidad por vez para que pudieran descubrir como funcionan. Una vez que lo sepan, cabe combinarlas para obtener cambios más intensos aún. Por ejemplo, deténganse y encuentren un recuerdo sensual exquisitamente agradable. Primero, confirmen que se trata de una película cinematográfica y no de una diapositiva quieta. Ahora tomen la imagen y acérquenla a ustedes. A medida que se acerca, háganla más brillante y colorida, al mismo tiempo que disminuyen la velocidad a la mitad. Puesto que ya han aprendido algo sobre como funciona su cerebro, hagan lo que mejor les sirva para intensificar esa experiencia para ustedes. Adelante...

¿Se sienten diferentes? Pueden realizar eso en cualquier momento, y ya habrán salvado su dinero. Cuando estén a punto de ponerse realmente antipáticos con alguien a quien quieren, deténganse y hagan esto. Y posen vuestras miradas y sus rostros en ese momento, quién sabe en que se podrían meter... ¡todo tipo de problemas divertidos!

Lo que me anonada es que algunos practican exactamente lo contrario. Evalúen como serían sus vidas si evocaran todas sus buenas experiencias como tenues, distantes, borrosas, fotografías en blanco y negro, todas sus malas experiencias fueran películas cinematográficas panorámicas en tres dimensiones, con vivido colorido. Esta es una excelente manera de deprimirse y deducir que la vida los ha estafado. Todos nosotros afrontamos experiencias buenas y malas, y lo que a menudo hace la diferencia es únicamente cómo las recordamos.

Una vez observé a una mujer en una fiesta. Durante tres horas la pasó muy bien, conversando, bailando, exhibiéndose. Cuando se aprestaba a marcharse, alguien le derramó café en el vestido. Mientras se limpiaba, gimió "¡Oh, ahora se me arruinó toda la velada!". Piensen en ello: ¡un momento bastó para destruir tres horas de alegría! Yo quise indagar como lo hacía, así es que le pregunté cómo recordaba el baile de un rato antes. Me señaló que se veía bailando con esa mancha de café en el vestido ¡Pescó la mancha y literalmente ensució con ella todos esos recuerdos previos!

Mucha gente actúa así. En una oportunidad un hombre me dijo "Pensé que era feliz durante una semana, pero cuando miré hacia atrás me di cuenta de que no era realmente feliz, que todo era un error". Cuando miró hacia atrás, volvió a codificar toda su experiencia y creyó que había sido una pésima semana. Yo pienso: si pueden revisar su historia con tanta facilidad, ¿por qué no lo hace en el sentido contrario?, ¿Por qué no convertir en gratas todas las experiencias amargas?

Con frecuencia, la gente repasa el pasado cuando se divorcia o al descubrir que su pareja ha tenido una aventura. De súbito, se ven diferentes todos los buenos momentos que gozaron juntos durante años. "Todo fue una porquería." "Yo me estaba engañando sola".

La gente que hace régimen para adelgazar suele obrar igual. "Bien, pensé que la dieta realmente funcionaba. Perdí 3 kilos por semana durante 3 meses, pero enseguida subí un kilo, así es que supe que no servía". Alguna gente ha perdido peso con éxito muchas veces, pero nunca se les ocurrió que tenían éxito. Una sola y leve indicación de que han subido de peso, y deciden "Todo fracasó".

Un hombre vino a terapia porque sentía "miedo de casarse con la mujer equivocada". Estaba con esta mujer y pensaba que la quería, hasta el punto de pagar para trabajar en terapia sobre ello. La razón por la que no confiaba en su capacidad de adoptar este tipo de decisión, es que con antelación ya se había casado con "la mujer equivocada". Cuando le oí eso pensé "Me imagino que cuando volvió a casa después de la ceremonia, descubrió que ella era una extraña. Me imagino que se equivocó de iglesia o algo así. ¿Qué diablos significa que se casó con la mujer equivocada?".

Tras preguntarle esto, me enteré de que se había divorciado después de 5 años de matrimonio. En su caso, los primeros 4 años y medio fueron bastantes buenos. Pero entonces la relación se echó a perder, y por ende los 5 años constituyeron un error absoluto. "Perdí 5 años de mi vida, y no pretendo reincidir. De modo que prefiero desperdiciar los próximos 5, tratando de percibir si esta es la mujer adecuada o no". Estaba muy preocupado por eso. No era un chiste para él. Pero jamás se le ocurrió que toda la historia era descabellada.

Este hombre ya sabía que él y esta mujer se hacían felices mutuamente de muchas maneras. No atinó a preguntarse cómo asegurarse de ser más feliz aún con ella o como hacerla feliz a ella. Había resuelto averiguar si era o no la "mujer adecuada". Jamás se cuestionó su habilidad para tomar esa resolución, pero desconfiaba de su capacidad para decidir casarse o no.

Una vez le pregunté a un hombre como se deprimía, y dijo "Bien, por ejemplo, voy a subirme a mi auto y descubro que se desinfló un neumático".

"Bueno, ese es un contratiempo, pero no parece un motivo suficiente para deprimirse. ¿Cómo logra usted que eso sea realmente deprimente?"

"Me digo a mí mismo 'Siempre es así', y veo una serie de imágenes de todas las demás veces en que me falló el auto".

Sé que por cada vez que su auto no partió, hubo unas trescientas veces en que funcionó a la perfección. Pero él no repara en ellas en ese momento. Si logro que rescate todas las otras veces en que su auto anduvo bien, no se deprimirá.

Un día vino una mujer y me contó que se hallaba deprimida. Le pregunté "¿Cómo sabe que está deprimida?". Me miró y dijo que su psiquiatra se lo había diagnosticado. Le repliqué "Bien, tal vez él se haya equivocado, tal vez usted no esté deprimida, tal vez esto sea la felicidad". Me miró, levantó una ceja y murmuró "No lo creo". Pero aún no satisfacía mi pregunta. "Si estuviera feliz, ¿cómo sabría que está feliz? ¿Ha sido feliz alguna vez?"

He descubierto que la mayoría de las personas deprimidas han tenido tantas experiencias felices como los demás, sólo que cuando contemplan su pasado dudan de que eso fuese la felicidad. En vez de usar lentes de color rosado, usan lentes grises. Había una maravillosa señora de Vancouver que ponía una tonalidad azul sobre todas las experiencias: desagradables, y una tonalidad rosa sobre las placenteras. Las ordenaba bien. Si tomaba un recuerdo y cambiaba su tonalidad, el recuerdo se modificaba totalmente. Me es imposible explicarles porque eso funciona, pero es así como se maneja subjetivamente.

La primera vez que uno de mis clientes dijo "Estoy deprimido", le contesté "Hola, soy Richard". Se detuvo y dijo "No".

"¿No lo soy?".

"Un momento, usted se ha confundido".

"No me he confundido. Todo es claro para mí".

"He sufrido de depresión durante dieciséis años".

"Increíble. ¿Y no ha dormido en todo este tiempo?".

La estructura de lo que está afirmando es ésta: "He codificado mi experiencia de modo que he caído en el engaño de que me he empantanado en el mismo estado de conciencia durante dieciséis años". Yo sé que no ha permanecido igual durante los 16 años. Ha dispuesto de tiempo para enojarse, almorzar y unas cuantas cosas más. Intenten mantenerse en el mismo estado de conciencia por veinte minutos. La gente invierte mucho tiempo y dinero en aprender a meditar, a fin de mantenerse en el mismo estado por una o dos horas. Si estuviese deprimido por una hora completa no sería capaz ni de notarlo, porque el sentimiento se tornaría habitual y por ende imperceptible. Si uno practica algo un tiempo suficientemente largo, no es capaz de detectarlo. Ese es el resultado del habituarse, incluso con una sensación física. Yo siempre me pregunto "¿Cómo es posible que alguien estime que ha estado deprimido todo el tiempo?". Ustedes pueden curar a la gente de lo que padecían y descubrir que nunca lo padecieron. "Dieciséis años de depresión" podrían equivaler a sólo veinticinco horas de auténtica depresión.

Pero si toman al pie de la letra la aseveración de este hombre "He estado deprimido durante dieciséis años", habrán aceptado la premisa de que ha vivido en un estado de conciencia por ese lapso. Y si se fijan la meta de tratar de hacerlo feliz, van a colocarlo permanentemente en otro estado de conciencia. De hecho, pueden convencerlo de que crea que es feliz todo el tiempo. Pueden enseñarle a recodificar todo su pasado como felicidad. No importa cuan miserable sea en el momento, siempre apreciará que es feliz. Le habrán injertado un nuevo engaño para reemplazar aquel con el cual llegó.

Una serie de personas se deprimen porque poseen buenas razones para ello. Sus vidas son aburridas, absurdas, infelices. La plática con el terapeuta no cambiará eso, a menos que desemboque en que la persona viva en forma diferente. Si alguien opta por gastar 75 dólares en un psiquiatra en vez de participar en una fiesta, eso no es enfermedad mental, ¡es estupidez! Si ustedes no hacen nada, por supuesto que van a sumirse en el aburrimiento y la depresión. El caso extremo de esto es la catatonia.

Cuando alguien me señala que está deprimido, busco descubrir cómo lo hace. Me imagino que si puedo ir paso por paso por ese proceso y descubrir como lo hace tan bien que yo pueda hacerlo, entonces generalmente le puedo indicar como actuar de forma diferente, o si no encontrar a otra persona que no esté deprimida y descubrir como esa persona se las ingenia para estar deprimida.

Algunos tienen una voz interior que suena lenta y deprimida, y elaboran largas listas de sus fracasos. Uno puede hundirse en estados muy depresivos con esa fórmula. Sería como poner a algunos de mis profesores dentro de sus cabezas. Se entiende que esa gente se desmorone. A veces la voz interior es tan baja, que la persona no está consciente de ella hasta que uno le pregunta. Puesto que la voz es inconsciente, responderá incluso más poderosamente que si fuera consciente y adquirirá un fuerte impacto hipnótico.

Cualesquiera de ustedes que hayan incursionado en terapia por un tiempo largo, habrán notado que hay momentos en que mentalmente se "vuelan" mientras atienden clientes. Esos se denominan estados de trance. Si su cliente se explaya sobre sentimientos negativos, comenzarán a responder a esas sugestiones como cualquiera en un trance. Si aparecen clientes animados y positivos, eso les puede resultar conveniente. Pero si tienen clientes depresivos, regresarán muy decaídos a casa al finalizar jornada.

Si entra una clienta que se deprime a sí misma con una de esas voces, incrementen el volumen hasta que ella pueda oírlas claramente, y esfumará el impacto hipnótico. Enseguida cambien la tonalidad hasta que se torne una voz alegre. Se sentirá mucho mejor, incluso si la voz alega e insiste en recitar una lista de fracasos.

Mucha gente se deprime con imágenes, y hay gran cantidad de variaciones. Pueden armar "collages" de todas las veces que las cosas fallaron en el pasado, o pueden formar miles de imágenes de como las cosas podrían fallar en el futuro. Pueden mirar el mundo real, y sobreponer una imagen de como se verá en cien años mas. ¿Han oído el dicho "Se comienza a morir al nacer"? Gran frase.

Cada vez que algo agradable acontece, pueden decirse a sí mismos "Esto no durará" o "No es verdadero" o "Realmente no significa esto." Hay muchas posibilidades. La pregunta es siempre "¿Cómo opera esta persona?". Una respuesta detallada a esa cuestión contendrá todo lo que necesitan conocer, a fin de enseñarle a ejecutar alguna otra cosa. La única razón de que no atine a algo más adecuado, es que eso es todo lo que sabe. Puesto que ha perseverado por años, es "normal", no lo ha notado ni cuestionado.

Una de las tendencias más locas en nuestra cultura es actuar como si todo fuese normal bajo cualquier circunstancia. En lo que a mí concierne, la más elemental demostración de ello es la ciudad de New York. Si usted camina por Broadway, nadie está mirando y murmurando "Gran Dios".

Otra demostración es el sector bajo de Santa Cruz. La gente hace cosas, ahí mismo en la calle, que causarían estupor en cualquier hospital mental. Sin embargo, se ven hombres en tenida formal caminando por la calle y conversando como si todo transcurriese normalmente.

Yo también vengo de un ambiente "normal". En mi barrio, cuando tenía nueve años y me aburría, me mezclaba con los muchachos. Alguien sugería "Oye, por qué no salimos y robamos un auto". "Vamos y asaltemos una tienda de licores, y matemos a alguien".

Pensé que la forma de alcanzar éxito en la vida era unirse a la gente rica. Creí que si andaba con ellos, me contagiaría. Así es que me traslade a un lugar llamado Los Altos, donde la gente es millonaria. El Colege de Los Altos tenía cubiertos de plata en la cafetería y asientos de curry legítimo en el centro de alumnos. El estacionamiento parecía una sala de ventas de Detroit. Por supuesto que apenas ingresé debía actuar también como si todo fuese normal "Oh, sí, todo perfecto".

Conseguí empleo trabajando con una máquina con la que uno se comunica, llamada computador, y debuté como estudiante de las ciencias de la información. No existía aún el departamento, porque alguien había congelado los fondos por un par de años. Puesto que estaba en la universidad y no había donde especializarse, me sumí en una crisis existencial. "¿Qué haré? ¡Estudiaré psicología!". Por ese tiempo participé en la edición de un libro sobre terapia gestáltica[1], y me enviaron a un grupo de terapia para que inquiriera de que se trataba. Esa fue mi primera experiencia con psicoterapia de grupo. Todos estaban locos donde yo crecí y todos estaban locos donde yo trabajaba, pero esperaba que la gente que consultaba a los terapeutas estuviera realmente loca.

Lo primero que vi fue a alguien sentado, hablándole a una silla vacía. Pensé "Oh, tenía razón. Están locos". Y enseguida intervenía otro loco,

---

[1] *El Enfoque Gestáltico y Testimonios de Terapia* de Fritz Perls, editado por Richard Bandler. Editorial Cuatro Vientos, Santiago.

que aconsejaba que decirle a la silla vacía. Entonces me preocupé, pues todos miraban la silla como si ella estuviera contestando. El terapeuta preguntó "¿Y qué dice él?, de modo que yo también miré la silla. Después me contaron que era una sala llena de sicoterapeutas, y que todo marchaba bien.

Entonces el terapeuta dijo "¿Se da cuenta de lo que está haciendo su mano?". Cuando el tipo exclamó "No", yo me chillé. "¿Se da cuenta de ella ahora?". "Sí". "¿Qué está haciendo? Exagere ese movimiento". Extraño, ¿verdad? Entonces el terapeuta agregó "Póngale palabras". "Quiero matar, matar". Resultó que el tipo era un neurocirujano. El terapeuta dijo "Ahora mire esa silla, y dígame a quién ve". Yo miré y no había nadie. Pero el tipo rugió "A mi hermano".

"Dígale que está enojado".

"Estoy enojado".

"Dígalo más fuerte".

"Estoy ENOJADO".

"¿Por qué?".

Y entonces se larga a decirle a la silla vacía todos los motivos por los que está enojado, y enseguida la ataca. La despedaza y luego le pide disculpas, y lo trabaja con la silla y se siente aliviado. Entonces todos en el grupo pronuncian frases agradables y lo abrazan.

Puesto que yo me había codeado con asesinos y científicos, podía actuar como si no pasara nada y todo fuese normal en cualquier parte, pero estaba experimentando problemas. Después interrogué a los demás "¿Estaba realmente ahí su hermano?".

Algunos replicaron "Por supuesto".

"¿Dónde lo vieron?".

"En la mente".

Uno puede hacer casi todo. Si actúa como si fuera normal, otra gente lo imitará. Piensen en ello. Pueden anunciar "Esto es psicoterapia de grupo", poner sillas en un círculo y definir "Esta es la silla caliente". Entonces si añaden "¿Quién quiere trabajar?", todos comenzarán a sentirse nerviosos mientras esperan. Finalmente, alguien se motiva cuando la tensión sube a su punto máximo, y dice "Yo quiero trabajar", ustedes le plantean "Esa silla no es un buen lugar. Venga y siéntese en esta silla especial". Enseguida le ponen una silla vacía al frente. A menudo se parte de la siguiente manera:

"Ahora, ¿de qué se da cuenta?".

"Mi corazón late fuerte".

"Cierre los ojos, y dígame de qué se da cuenta".

"La gente me mira".

Analicen esto por un instante. Con los ojos abiertos, sabe lo que pasa en su interior. Cuando los cierra, sabe lo que pasa afuera. Para aquellos de ustedes que no están familiarizados con la terapia gestáltica, este es un fenómeno muy común.

Hubo un tiempo y un lugar en que la gente creía que conversar con una silla vacía tenía sentido, y de hecho lo tenía. Pueden lograr algunas cosas útiles. Puede ser también muy peligroso, de maneras que ellos no comprendían, y que muchos aún no comprenden. La gente aprendió secuencias repetidas de conducta, y no necesariamente el contenido. La secuencia que aprendieron en terapia gestáltica es la siguiente: si se siente triste o frustrado, alucine antiguas amistades o parientes, enójese y póngase violento, y entonces se desahogará y los demás serán amables con usted.

Tomen esa secuencia y trasplántela al mundo real sin el contenido. ¿Qué aprende la persona? Cuando no se está sintiendo bien, alucínese, enójese, vuélvase agresivo y por fin siéntase bien. ¿Qué implica eso como modelo de relaciones humanas?, ¿Es así como pretenden relacionarse con su mujer y sus hijos? Pero, ¿por qué hacerlo con alguien querido? Cuando estén furiosos, salgan y desafíen a un extraño. Alucinen a un pariente muerto, propínenle una paliza y siéntanse mejor. Algunos lo hacen, aun sin la mediación de la terapia gestáltica, pero generalmente se duda de que tal patrón de conducta sea una cura. Cuando la gente entra en terapia, o en cualquier experiencia repetida, aprende lo que se hace realmente rápido, y aprende el patrón y la secuencia de lo que se practica, mucho antes que el contenido. Puesto que la mayoría de los terapeutas se centran en el contenido, por lo general ni advierten la secuencia que han enseñado.

Algunos los mirarán directo a los ojos, y les dirán que la razón por la que están así se remonta a algo que sucedió mucho tiempo atrás, en su infancia. De ser verdad, se han lucido, porque entonces ya no se puede remediar nada, es imposible regresar a la niñez.

Sin embargo, esos mismos pregonan que ustedes pueden pretender que revivan su niñez, y que pueden regresar y cambiarla. El hecho de que no les gusta lo que pasó significa que la situación está "inconclusa"; por tanto, pueden volver y "terminarla" en la forma que más les acomode. Este es un gran reencuadre, y muy útil.

Creo que TODO está inconcluso en este sentido. Sólo se puede mantener cualquier recuerdo, creencia, comprensión u otro proceso mental, de hoy para mañana, si se continúa haciéndolo. Por ende, está todavía ahí. Si ustedes comprenden los procesos que continúan fomentando, podrán cambiarlos cuando no les gusten.

Es fácil modificar experiencias pasadas. Lo siguiente que me gustaría enseñarles es lo que yo he bautizado "terapia brevísima". Uno de sus aspectos gratos es que constituye una terapia secreta, de modo que nadie queda marginado.

Piensen en una desilusión o en una situación desagradable, y denle un buen vistazo a la cinta cinematográfica para aquilatar si aún les duele. Si no, elijan otra situación...

Enseguida, proyecten de nuevo la película, y tan pronto como comience pongan una fuerte música de circo. Escuchen la música de circo hasta el final de la cinta...

Ahora miren de nuevo la cinta original... ¿Se sienten mejor? Para la mayoría una tragedia se convertirá en comedia, y aliviará sus sentimientos sobre ello. Si cultivan un recuerdo que los impulsa a sentirse frustrados, pónganle música de circo. La próxima vez que vuelva incorporará automáticamente la música de circo, y no se captará igual. Para algunos, la música de circo puede que no sea una elección adecuada para ese recuerdo en particular. Si no se aliviaron, o si sus sentimientos evolucionaron en forma insatisfactoria, vean si pueden recurrir a otra música o sonidos que influyan en ese recuerdo, y enseguida prueben tocar tal música con su recuerdo. Pueden emplear arias de ópera, o la Obertura 182, o cualquier melodía, y estudiar que pasa. Si ensayan, encontrarán muchas formas de cambiar sus experiencias.

Elijan otro recuerdo amargo. Proyecten la película como siempre, a fin de detectar si ahora les perturba...

Ahora pasen el mismo recuerdo de atrás para adelante, desde el final hasta el principio, y háganlo muy rápidamente, en unos pocos segundos...

Ahora proyecten de nuevo la película...

¿Sienten lo mismo en torno a ese recuerdo, después de haberlo revivido de atrás para adelante? Definitivamente no. Es como pronunciar una frase al revés: el significado cambia. Usen esto con todos sus recuerdos aflictivos, y se habrán ahorrado otros mil dólares en terapia. Créanme, cuando se difunda esto vamos a arruinar a los terapeutas tradicionales. Se aliarán con aquéllos que venden polvos mágicos y alas de murciélagos.

ACE
HARDWARE
GOODS
LUCKY DOLLAR
SALLOON
UNDER
TAKER
DR. LONGER
PSYCHIATRY
BONES SET
TEETH PULLED
LEECHING

**III. Puntos de Vista**

La gente a menudo dice "No lo estás mirando desde mi punto de vista", y a veces están en lo cierto en forma bastante literal. Quisiera que recordaran alguna discusión que tuvieron con alguien, en la cual estaban seguros de tener la razón. Primero, pásense una película de esa discusión tal como la recuerdan...

Ahora quisiera que se pasen la película de la misma discusión, pero desde el punto de vista de mirar tras el hombro de la otra persona, de modo que se puedan ver a ustedes mismos durante la discusión. Pásense la película del principio al fin, observándola desde este punto de vista... ¿Hubo alguna diferencia? Puede que no haya mucho cambio para algunos de ustedes, especialmente si ya lo hacen en forma natural. Pero para algunos puede hacer una diferencia enorme. ¿Todavía están seguros de que tenían la razón?

Hombre: Tan pronto como vi mi cara y oí el tono de mi voz, pensé

"Quién le va a poner atención a lo que habla ese pavo".

Mujer: Cuando me puse en el lugar de recibir lo que yo había dicho, noté un montón de pifias en mis argumentos. Me di cuenta cuando corría en pura adrenalina y realmente no estaba explicándome. Voy a ir a pedirle disculpas a esa persona.

Hombre: Oí realmente a esa persona por primera vez, y lo que ella dijo tenía sentido.

Hombre: Cuando me escuché, yo pensaba ¿No podrías decirlo de otra manera, de manera que tus ideas le lleguen al otro?

¿Cuántos de ustedes están seguros de tener la razón como lo estaban antes de probar este punto de vista diferente?... Como 3 de 60. Así son sus probabilidades de tener la razón cuando están seguros de tenerla como un 5%.

La gente ha estado hablando de puntos de vista desde hace siglos. Sin embargo, siempre han pensado en ellos en forma metafórica, no literal. No sabían como darle a alguien instrucciones para cambiar su punto de vista. Lo que ustedes acaban de hacer es una entre mil posibilidades. Pueden literalmente, mirar a algo desde cualquier punto en el espacio. Pueden observar la misma discusión desde un lado, como un observador neutral, de manera que se puedan ver a sí mismos y a la otra persona igualmente bien. Pueden mirar desde algún punto en el techo de modo de estar "por sobre todo ello", o desde un punto en el suelo para tener el punto de vista desde "el ojo de un gusano". También pueden tomar el punto de vista de un niño muy pequeño o de una persona muy anciana. Esto es volverse algo más metafórico y menos específico, pero si cambia su experiencia de manera útil, no tiene sentido discutir sobre ello.

Cuando algo malo sucede, alguna gente dice: "Bueno, en cien años mas ¿quién va a notar la diferencia? "Para algunos de ustedes, el oír esto no hace impacto. Pueden pensar "El no entiende". Pero cuando algunas personas lo dicen o lo oyen, puede verdaderamente cambiar su experiencia y ayudarlos a manejar problemas. Así es que pregunté a algunas de esas personas que hacían dentro de su mente al decir tal frase. Un tipo miró al sistema solar desde un punto en el espacio exterior, observando como los planetas giraban en sus órbitas. Desde ese punto de vista, apenas podía verse a sí mismo y a sus problemas como una motita sobre la superficie de la tierra. Las imágenes de otras personas eran a menudo diferentes, pero similares en el sentido que veían sus problemas como una parte pequeña del cuadro y a una distancia, y el tiempo se aceleraba -cien años comprimidos en una breve película.

Por todo el mundo la gente hace estas grandes cosas dentro de su cerebro, y realmente funcionan. No tan sólo eso: incluso anuncian lo que están haciendo. Si ustedes se toman el tiempo para hacerles algunas preguntas, pueden descubrir todo tipo de cosas que pueden hacer con su cerebro.

Hay otra frase fascinante que siempre me queda en la mente. Cuando les está pasando algo desagradable, a menudo la gente les dice "Más tarde, cuando recuerdes esto, serás capaz de reírte de ello". Debe haber algo que ustedes hacen en su cabeza en el intertanto que es capaz de hacer que una experiencia desagradable se vuelva divertida. ¿Cuántos de ustedes recuerdan algo de lo que ahora pueden reírse?; ¿Y tienen todos ustedes algún recuerdo del que aún no puedan reírse? Quisiera que compararan estos dos recuerdos a fin de descubrir en qué forma son diferentes ¿Se pueden ver en uno y no en el otro?; ¿Es uno una diapositiva y el otro una película?; ¿Hay diferencias en color, tamaño, brillo o ubicación? Encuentren que es lo diferente, y enseguida traten de cambiar esa imagen desagradable para que se parezca a aquella de la cual ya se pueden reír. Si el recuerdo del que pueden reírse está muy lejos, alejen también el otro. Si pueden verse a sí mismos en el recuerdo del cual pueden reírse, véanse en la experiencia que todavía es desagradable. Mi filosofía es: ¿Por qué esperar? Por qué no "recordar y reírse" mientras todavía están pasando ello, en primer lugar. Si ustedes pasan por algo desagradable, uno pensaría que con una vez basta. Pero oh, no, su cerebro no piensa en eso. Dice la embarraste. Te torturaré por tres o cuatro años. Entonces, tal vez te dejaré que te rías de ello".

Hombre: Me veo en el recuerdo del cual puedo reírme; soy un observador. Pero me pego en el recuerdo que aún siento negativo, es como si estuviese pasando de nuevo.

Esa es una respuesta típica. ¿Es cierto lo mismo para la mayoría ustedes? El ser capaces de observarse a sí mismos les da la oportunidad de "re-ver" un hecho "desde una perspectiva diferente" y de verlo de forma nueva, como si le estuviera sucediendo a otra persona. El mejor tipo de humor implica mirarse a sí mismos de forma diferente. La única cosa que les impide hacerlo de inmediato, es el no darse cuenta de que realmente pueden hacerlo. Cuando aprendan a hacerlo con facilidad pueden hacerlo incluso mientras el hecho desagradable está sucediendo.

Mujer: lo que yo hago es diferente, pero resulta muy bien. Yo forzo como si estuviera mirando por microscopio hasta que lo único que es una parte muy pequeña de elemento amplificado, llenando todo el cuerpo. En este caso lo único que podía ver eran esos enormes labios zumbando y meneándose a medida que hablaba. Era tan grotesco que me eche a reír.

Eso ciertamente es otro punto de vista. Y es algo que pueden hacer fácilmente cuando esa mala experiencia está ocurriendo por primera vez.

Mujer: Si he hecho eso, estaré toda atascada en una situación horrible y luego me focalizo en algo, enseguida me pongo a reír por lo grotesco que es.

Ahora quisiera que piensen en dos recuerdos de su pasado: uno agradable y el otro desagradable. Tómense algunos momentos para re experimentar aquellos dos recuerdos de la forma en que normalmente lo hacen...

Enseguida, quiero que se fijen si están asociados o disociados en uno de esos recuerdos.

Asociados significa ir atrás y revivir la experiencia, viéndola desde sus propios ojos. Ven exactamente lo que vieron cuando estaban de hecho. Pueden ver sus manos frente a ustedes, pero no pueden ver su cara a menos que se miren en un espejo.

Disociados significa mirar a la imagen de la memoria desde cualquier punto de vista que no sea el de sus propios ojos. Pueden verlos como si estuvieran mirando desde un avión, o pueden verlo como si fueran una persona que está ahí mirando una película de ustedes en esa situación.

Ahora vuelvan a cada uno de estos dos recuerdos, por turno, y descubran si estaban asociados o disociados en cada uno de ellos...

Cualquiera sea la manera como recordaron naturalmente, quisiera que vuelvan a cada uno de los recuerdos y traten de experimentarlos desde la otra manera, a fin de descubrir como esto cambia su experiencia. Si en un recuerdo estaban asociados, sálganse de su cuerpo y miren al recuerdo disociadamente. Si estaban disociados, métanse en el cuadro hasta que estén asociados. Noten como este cambio en la perspectiva visual cambia lo que sienten sobre esos recuerdos...

¿Hace ello alguna diferencia? Por supuesto que lo hace. ¿Hay alguien aquí que no haya notado la diferencia?

Hombre: Yo no noté mucha diferencia.

OK. Pruebe lo siguiente. Siéntase sentado en el banco de un parque en un carnaval, y véase en el asiento delantero de una montaña rusa. Vea su pelo ondeando en el viento cuando el carro desciende por esa gran bajada...

Ahora compare eso con lo que sentirá si estuviera realmente sentado en el carro delantero de un tren en la montaña rusa, aferrado a la barra frente suyo, arriba en el aire, mirando hacia abajo en esa bajada...

¿Son diferentes las dos imágenes? Tómese el pulso y compruebe si no sintió mucho más al estar en el carro mirando hacia abajo. Cuesta menos que el café, y sirve lo mismo para estar alerta.

Mujer: en uno de mis recuerdos me daba la impresión de estar tanto dentro como afuera de él.

OK. Hay dos posibilidades. Una es que usted está oscilando rápidamente de uno al otro. Si ese es el caso, note de qué forma es diferente en la medida que se cambia. Tal vez, tiene que hacer el cambio más lentamente a fin de hacerlo bien.

La otra posibilidad es que usted estaba disociada en la experiencia original. Por ejemplo, el ser autocrítico generalmente presupone un punto de vista diferente al suyo propio. Es como si estuviera fuera, observando y siendo crítica de sí misma. Si es así, cuando recuerda la experiencia y "ve lo que vio esa vez" también está disociada. ¿Corresponde alguna de estas descripciones a su experiencia?

Mujer: Ambas lo hacen. Cuando sucedió yo era muy crítica de mí misma y pienso que estaba oscilando en re-observarme y sentirme criticada.

Cuando ustedes recuerdan asociadamente, re experimentan el sentimiento original que tuvieron en el momento. Cuando vuelven a un recuerdo disociado, pueden verse a sí mismos teniendo en la imagen los sentimientos originales, sin sentido en su cuerpo.

Sin embargo, pueden tener un nuevo sentimiento sobre el hábito mientras se observan a sí mismos en él. Esto es lo que pasa cuando Virginia Satir hace una pregunta como "Qué siente usted sobre sentirse enojado"; Recuerden un momento en que estaban enojados y en seguida pregunten "¿Qué siento sobre sentirme enojado?". A fin de contestar la pregunta, tienen que salirse de la imagen y tener un nuevo sentimiento sobre el hecho como observador más que como participante. Es una forma muy efectiva de cambiar su respuesta.

La situación ideal es recordar todos sus recuerdos agradables en forma asociada, de modo que se puedan asociar fácilmente de todos los sentimientos positivos que van con ello. Cuando se disocian de sus recuerdos desagradables, mantienen toda la información visual que necesitan para evitar o manejar situaciones parecidas en el futuro, pero sin el sentimiento desagradable. ¿Para qué sentirse mal de nuevo? ¿No basta con sentirse mal una vez?

Mucha gente hace todo lo contrario: se asocian con ello e inmediatamente sienten todo lo desagradable que les ha ocurrido, pero sus experiencias placenteras son imágenes disociadas, vagas, distantes. Y, por supuesto están las otras dos posibilidades. Algunas personas tienden a disociarse de todo. Estos son los tipos científico-ingeniero que a menudo se describen como "objetivos" "distantes" "desapegados". Se les puede enseñar a asociarse cuando quieran y establecer alguna conexión de sentimiento con su experiencia. Probablemente pueden imaginar algunas ocasiones en las que esto sería realmente una ventaja para ellos. El hacer el amor es una de las cosas que es mucho más placentera si están en su cuerpo sintiendo todas esas sensaciones, en vez, de observarse desde el exterior.

Otros tienden a asociar siempre: inmediatamente sienten todo lo que sintieron en las experiencias pasadas, buenas o malas. Son las gentes que a menudo se describen como "teatrales" "impulsivas" "sensibles". Muchos de los problemas que tienen pueden curarse enseñándoles a disociarse en los momentos apropiados. La disociación puede usarse, por ejemplo, para controlar el dolor. Si se observan teniendo un dolor, no están dentro de su cuerpo para sentirlo...

Pueden hacerse un gran favor a sí mismos, si toman algún tiempo para recordar varios de sus recuerdos desagradables en forma disociada. Descubran cuánto tienen que alejar las imágenes de modo que puedan verlo lo suficientemente claro como para poder aprender de ellas, mientras lo observan cómodamente. En seguida, recuerden una serie de experiencias agradables, tomándose el tiempo necesario para asociarse con cada una y gozarlas plenamente. Lo que le están enseñando a su cerebro es a asociarse con memorias gratas y a disociarse de las desagradables. Pronto su cerebro aprenderá a hacerlo y hará lo mismo con todos sus otros recuerdos, es fácil enseñar a alguien como y cuando asociarse y disociarse es una las maneras más profundas de cambiar la calidad de la experiencia de una persona y la conducta que resulta de ella. La disociación es especialmente útil para recuerdos intensamente desagradables.

¿Hay alguno de ustedes que sufra de fobia? Me encantan las fobias, pero son tan fáciles de curar, que nos estamos quedando sin ninguna. Miren esto. Las únicas personas que están aquí que tienen fobia son los que tienen fobia a levantar su mano cuando están en un grupo.

Juana: Yo tengo una.

¿Tiene usted una fobia verdadera?

Juana: Bueno, es bastante mala (comienza a respirar rápidamente y a temblar).

Puedo verlo.

Juana: ¿Quiere saber de qué se trata?

No, no quiero. Soy muy matemático. Trabajo solamente con procesos. De todas maneras, no puedo conocer su experiencia interna ¿entonces para qué hablar de ella? Usted no tiene que hablar sobre su experiencia interna para poder cambiarla. De hecho, si habla sobre ella, su terapeuta va a terminar siendo un acompañante profesional. Usted sabe a lo que es fóbica. ¿Es algo que ve, oye o siente?

Juana: Es algo que veo.

OK. Le voy a pedir que haga unas pocas cosas que puede hacer rápidamente en su mente, de modo que su fobia no la vuelva a molestar nunca más. Le daré las indicaciones una por una y usted se va para adentro y las sigue. Mueva la cabeza cuando las haya hecho.

Primero quisiera que se imaginara que está sentada en el medio de un cine, y en la pantalla puede ver una foto en blanco y negro en la que se ve a sí misma en una situación justo antes de tener la respuesta fóbica...

Enseguida quiero que flote fuera de su cuerpo hasta la caseta de proyección, desde donde puede observarse a sí misma observándose. Desde esa posición puede verse a sí misma sentada en el medio del cine, y también puede verse en la foto fija sobre la pantalla...

Ahora quiero que convierta la foto de la pantalla en una cinta cinematográfica en blanco y negro, y la observe desde el principio hasta justo más allá del fin de la experiencia desagradable. Cuando llegue al final, quiero que lo detenga como una diapositiva y enseguida, salte dentro de la imagen y proyecte la película de atrás para adelante. Toda la gente va a caminar para atrás y todo va a suceder en reversa, tal como cuando se rebobina una película, excepto que usted está dentro de ella. Pásela para atrás en colores y hágalo en solo un par de segundos...

Ahora piense a qué tenía usted fobia. Vea lo que vería si estuviera realmente allí...

Juana: No me molesta ahora... pero me da miedo que no funcione para la próxima vez que esté allí.

¿Puede encontrar uno de verdad por aquí de manera que pudiera comprobarlo?

Juana: Sí, es de los ascensores.

Regio. Hagamos un breve intermedio. Vaya a probarlo y cuéntenos que pasó después de esta pausa. Aquellos de ustedes que estén escépticos vayan con ella y obsérvenla y háganle preguntas, si quieren...

OK. ¿Qué pasó?

Juana: Bien. Sabe, yo nunca había visto el interior de un ascensor antes. Esta mañana no me pude ni subir porque estaba demasiado aterrorizada, pero justo ahora subí y bajé varias veces.

Este es un informe típico. Sin embargo, una vez casi me puse nervioso. Estaba enseñando en el Plaxa Peachtrce en Atlanta, que tiene un ascensor externo que sube 70 pisos. Así es que tuve que encontrar a uno que tenía fobia a los ascensores. Curé a una señora y la mandé afuera del seminario a probarlo. Después de más o menos media hora empecé a pensar "Oh, tal vez subió y no puede bajar". Cuando volvió a la sala unos 15 minutos después, le pregunté donde había estado. "Estuve subiendo y bajando, fue realmente divertido".

Una vez un animador vino a verme por una fobia al hablar en público de la cual había estado tratando de liberarse por 16 años. Una de las primeras cosas que me contó fue que había invertido más de US$70.000. -tratando de curar su fobia. Le pregunté como lo sabía, y sacó su maletín con todos los cheques cancelados. Le dije "¿Y qué hay de su tiempo?". Sus ojos se agrandaron y me contestó "No calculé eso". El ganaba tanto como un psiquiatra, de manera que había realmente gastado más de US$140.000 dólares tratando de cambiar algo que me tomó 10 minutos cambiar.

Si ustedes pueden aterrarse de un ascensor, y pueden posteriormente aprender a responder en forma diferente, pareciera que es posible que cambien cualquier patrón de conducta, porque el terror es una conducta bastante fuerte. El miedo es una cosa interesante. La gente arranca de él. Si le piden a alguien que mire algo que le aterra, no puede mirarlo. Sin embargo, si le piden que se vea a sí misma mirando a esa cosa, está de hecho mirándolo, pero por alguna razón puede hacerlo de esta manera. Es la misma diferencia que hay entre sentarse en el asiento delantero del primer carro de la montaña rusa y sentarse en un banco del parque mirándose a sí mismo en la montaña rusa. Esto parece ser suficiente para que la gente sea capaz de cambiar sus respuestas. Pueden usar el mismo proceso con víctimas de violaciones, niños maltratados y experiencias de guerra: "el síndrome del stress post traumático".

Años atrás, me demoré una hora para trabajar una fobia. Cuando aprendimos más sobre como funciona una fobia, anunciamos la cura de fobias en diez minutos. Ahora lo he reducido a unos pocos minutos. A la mayoría de la gente le cuesta creer que podamos curar una fobia tan rápido. Eso es muy divertido, porque no puedo hacerlo despacio. Puedo curar una fobia en dos minutos, pero no puedo hacerlo en un mes, porque el cerebro no funciona de esa manera. El cerebro aprende haciendo pasar patrones rápidamente. Imagínense que proyectara un solo cuadro de una cinta cinematográfica al día durante cinco años. ¿Se darían cuenta del argumento? Por supuesto que no. Sólo pueden darse cuenta del sentido de la película si todas las imágenes pasan realmente rápido. El tratar de cambiar despacio es como tener una conversación diciendo una palabra al día.

Hombre: ¿Qué hay de la práctica entonces? ¿Cuándo usted produce un cambio, como con Juana, tiene ella que practicar?

No. Ella ya cambió, y no tiene que practicar ni pensar conscientemente en ello. Si el trabajo para cambiar es duro, o requiere de mucha práctica, entonces lo están haciendo mal, y necesitan cambiar lo que están haciendo. Cuando encuentran un camino sin resistencia están combinando recursos y hacerlo una vez, es suficiente. Cuando Juana entró al ascensor durante la pausa, no tuvo que tratar de no estar aterrada. Ya había cambiado y la nueva respuesta durará tanto como el terror anterior.

Una de las cosas buenas sobre alguien que tiene una fobia es que esta probado que aprende rápido. Los fóbicos son personas que pueden aprender algo absolutamente ridículo muy rápidamente. La mayor parte de gente considera las fobias como un problema, y no como un logro. No se detienen a pensar "si pude aprender a hacer eso, entonces puedo aprender a hacer cualquier cosa".

Siempre me ha sorprendido que alguien pueda aprender a estar atento en forma tan consistente y confiable. Años atrás pensé "Este es el tipo de cambio que quiero ser capaz de hacer". Eso me llevó pensar ¿Cómo podría crearle a alguien una fobia? "Me imaginé que si no podía crear a alguien una fobia, no podía ser realmente metódico para suprimirla. Si aceptan la idea que las fobias sólo pueden ser malas, esa posibilidad nunca se les ocurriría. Pueden hacer que las respuestas agradables sean fuertes y confiables como las fobias.

Hay cosas que la gente ve y resplandece de felicidad cada vez que lo ve, los recién nacidos, o niños muy chicos, lo hacen para casi todo mundo. Si no lo creen, tengo un desafío para ustedes: busquen al tipo más rudo y mal agestado que encuentren, pongan una guagua en sus brazos y hagan que entre a un supermercado. Síganlo un par de pasos tras él observen cómo reacciona la gente.

Sin embargo, quiero advertirles algo: la cura para fobias suprime los sentimientos y funcionará también para los recuerdos gratos. ¡Si usan el mismo procedimiento en todos sus recuerdos de estar con alguien querido pueden hacer que esa persona se convierta en una experiencia tan neutra como un ascensor! La gente hace esto en forma natural cuando se divorcian. Pueden mirar a la persona que una vez amaron apasionadamente y no sentir nada. Cuando recuerden todas las cosas gratas que sucedieron, se observarán a sí mismos pasándolo bien, pero todos los sentimientos placenteros se habrán ido. ¡Si lo hacen cuando aún están casados ay ay ay!

Una cosa es revisar todas las experiencias que han tenido con alguien las gratas y las no gratas- y decidir que quieren terminar la relación. Pero si se disocian de todos los buenos tiempos que pasaron con esa persona estarán botando lejos un conjunto de experiencias nutritivas. Incluso si no soportan estar con ella ahora, porque han cambiado o ella va a cambiarte de todos modos pueden gozar de sus recuerdos gratos.

Alguna gente se disocia de todas las experiencias gratas que están teniendo ahora "de modo que no los herirán después". Si hacen eso, no podrán gozar de su propia vida cuando es grata. Será siempre como observar a otra persona que lo pasa bien, pero ustedes nunca participan. Si hace eso con todas sus experiencias, se convertirán en existencialistas el observador implicado, no involucrado.

Alguna gente ve que una técnica funciona y decide probarla con todo. El que un martillo sirva para los clavos, no implica que todo necesite ser martillado. El procedimiento de fobias es efectivo para neutralizar respuestas cargadas de sentimientos fuertes -positivos o negativos- así es que sean cuidadosos de como lo usan.

¿Quieren saber de una buena manera de enamorarse? Asocien todas sus experiencias placenteras con alguien y disóciense de todas las desagradables. Funciona muy bien. Si no piensan en absoluto sobre las experiencias desagradables, pueden usar este método incluso para enamorarse de alguien que hace un montón de cosas que a ustedes no les gustan. El método usual es enamorarse de esta manera y enseguida casarse. Una vez que se han casado, pueden dar vuelta el proceso de modo de asociarse con las experiencias desagradables y disociarse de las gratas. Ahora responden sólo a las cosas desagradables y se preguntan porque han cambiado. No cambiaron, su pensamiento lo hizo.

Mujer: ¿Hay alguna otra forma de curar fobias? Les tengo terror a los perros.

Siempre hay otras maneras de hacer cosas. Es más bien cuestión de: "¿Sabemos ya de ellas?", "¿Son confiables?", "¿Cuánto demoran?", "¿Qué otras cosas afectarán...?".

Pruebe esto: recuerde algo exquisitamente placentero, excitante y simpático de su pasado y vea lo que vio cuando ello ocurrió ¿Puede encontrar un recuerdo así?... (Ella comienza a sonreír). Bien. Dele más claridad... (Sonríe más) Está bien. Ahora mantenga esa imagen y haga que un perro venga justo al medio de la imagen y se haga parte de ella.

A medida que eso pasa, quiero que haga que la imagen sea un poco más clara...

Ahora imagínese estar en la misma pieza con un perro, vea si aún tiene fobia...

Mujer: Me siento bien cuando pienso ahora en ello.

Este procedimiento es una variación de otro método que les enseñaré después. No es tan confiable como la disociación para las fobias muy fuertes, pero generalmente funcionará. He curado un montón de fobias, así es que estoy aburrido de ellas, y generalmente hago la cosa más rápida y más confiable que sé hacer. Ahora que ustedes la conocen, pueden hacerla también. Pero si realmente quieren entender como funciona el cerebro, la próxima vez que tengan un cliente fóbico, tómense algo más de tiempo. Hagan un montón de preguntas a fin de descubrir cómo funciona esta fobia en particular. Por ejemplo, a veces una persona fóbica tendrá una imagen del perro, o lo que sea, muy grande, o muy brillante, o muy colorida, o se pasará una película muy despacio, o la pasará rápido y oirá a la vez. Entonces, pueden tratar de cambiar diferentes cosas pueden descubrir cómo pueden cambiar la experiencia de esta persona en particular, cuando se cansen de esto, siempre pueden sacar la cura rápida de su bolsillo librarse de ella en 5 minutos. Si pueden hacer este tipo experimentación, comenzarán a aprender como generar PNL, y no tener que pagar nunca más por venir a seminarios.

**IV. Errar el Camino**

Una vez le pregunté a un amigo "¿Cuál ha sido el mayor fracaso de tu vida?". Me contestó: "En un par de semanas intentaré algo que no me va a resultar". ¿Saben qué? Tenía razón. Era el mayor fracaso de su vida, no porque no funcionara, sino porque se dio el trabajo de sentirse mal con antelación. Mucha gente usa su imaginación sólo para descubrir todas las cosas que los perjudicarán, de modo que pueden sufrir desde ahora. ¿Para qué esperar?

¿Para qué esperar que su marido salga y tenga una aventura? Imagínenselo ahora, véalo divirtiéndose con otra mujer. Sienta como si estuviera ahí, observando todo. Puede volverse horriblemente celosa sólo con eso. ¿Cuántos de ustedes han procedido así?

Entonces, si aún se sienten pésimo cuando él vuelva a casa, griten y échenlo fuera, y la fantasía sucederá verdaderamente. He atendido a esposas que me han confesado eso. Las escucho y les pregunto "¿Por qué no elaborar buenas imágenes?" "¿Qué quiere decir usted? "Cambie esa imagen hasta que pueda verse a sí misma ahí con él, en vez de su rival. En seguida entre en la imagen y disfrute de todos esos sentimientos agradables. Y cuando él llegue a casa, invítelo a disfrutar con usted". ¿No les atrae mucho más eso?

A menudo la gente habla de "buenos" y "malos" recuerdos, lo cual es apenas un juicio sobre si les gustaron o no. La mayoría quiere coleccionar recuerdos agradables, y piensa que conquistaría la dicha si todos sus malos recuerdos se esfumaran. Pero imagínense lo que serán sus vidas si jamás hubieran afrontado una mala experiencia. ¿Qué pasaría si crecieran y todo fuese maravilloso siempre? Se convertirían en unos alfeñiques, incapaces de encarar la realidad. Hay varios ejemplos de esos en este país. Una vez recibí un cliente de veinticuatro años, que ingería Valium desde los doce. La única vez que salía de su casa era para ir al dentista, al doctor o al psiquiatra, había pasado por cinco psiquiatras, pero lo más grave que yo detecté era que no había abandonado su casa en doce años.

Ahora sus padres eran de la opinión que debía arreglárselas solo. Su padre, dueño de una gran empresa constructora, se quejaba ante mí "Ese muchacho... es tiempo que se valga solo". Yo pensé "Cretino, te has atrasado en doce años. ¿Qué vas a hacer? ¿Entregarle tu empresa para que te mantenga?" Esa empresa tendría una expectativa de existencia de alrededor de dos días.

Puesto que el muchacho había vivido doce años con Valium, no había tenido muchas experiencias, hasta que me lo enviaron. Lo obligué a visitar todo tipo de lugares y a efectuar una infinidad de rarezas: o eso, o bien le daría la paliza del siglo. Cuando vaciló la primera vez y dijo que no podía mover un dedo, le pegué fuerte, y con eso comenzó a ganar experiencia. Fue sólo un método expeditivo, que no recomendaría para el grueso de las personas. Pero hay veces en que una buena cachetada constituye el principio de la construcción de una estrategia de motivación. Algunos de ustedes recordarán como funciona eso, desde sus años mozos. Yo sólo lo metí en una serie de situaciones donde debía aprender a resolver dificultades y a contactarse con otros seres humanos. Eso le dio una base experimental para vivir en la realidad sin el cojín de la casa, las drogas y el psiquiatra. Las experiencias que le proporcioné fueron un poco más útiles y relevantes que resumirle su niñez a un psiquiatra.

La gente señala "No puedo hacer algo", sin darse cuenta de lo que engloban estas palabras. Lo que está diciendo literalmente es que puede no hacerlo, lo cual siempre es cierto.[2]

Si se detienen y ponen atención a las palabras, comenzarán a oír cosas que les darán todo lo que pueden hacer.

Una vez trabajé con alguien que quería abrir una clínica de timidez y flirteo. Me trajo un montón de gente tímida. Yo siempre había pensado que los tímidos pensaban en las cosas desagradables que iban a suceder, como ser rechazados o que se rieran de ellos. Comencé formulándoles mis preguntas habituales "¿Cómo sabes cuándo ser tímido? Tú no eres tímido todo el tiempo". Como todas las cosas que la gente hace, la timidez requiere de un proceso determinado. No es tarea fácil. Un hombre dijo "sé que es hora de ser tímido cuando me apresto a conocer a alguien". "Bien, pero; “¿qué es lo que lo vuelve tímido"? "No creo que les voy a gustar. Esa frase es muy diferente a "Creo que no les gustaré". Literalmente afirmó "No" -o sea, primero me embarco en la actividad del no- "creo que les gustaré". Piensa en cualquier cosa, salvo que la persona gustará de él, lo que es muy distinto a caerles mal. Había otra gente en la pieza contigua, así es que le dije "Quiero que pienses que les gustarás a ellos”. “¿Ahora sientes timidez al pensar en conocerlos?". "No". Esto parece demasiado fácil, pero resulta que lo que funciona siempre resulta ser lo más fácil.

Por desgracia, en psicoterapia no hay muchos incentivos para cubrir qué es lo que funciona rápida y fácilmente. En la mayoría de las empresas, se

---

[2] En inglés es "I can not do something". I can: yo puedo Not do: no puedo (N. de la T.)

paga a la gente para que alcance éxito en algo. Pero en psicoterapia a los terapeutas se les paga por hora, se avance o no. Un terapeuta incompetente gana más que alguien que logra cambios rápidos, muchos terapeutas incluso tienen una regla contra la eficiencia. Opinan que influir directamente sobre alguien es manipulativo, y que la manipulación es dañina. Es como si plantearan "Usted me paga para que lo influencie. Pero no voy a hacerlo, porque no es correcto". Cuando yo atendía clientes, siempre cobraba por el cambio, y no por hora; me cancelaban sólo si no obtenían resultados. Ello constituía un buen desafío.

Las razones con las que los terapeutas justifican sus fracasos a veces son realmente increíbles. A menudo alegan "No estaba listo para cambiar". Esta es una excusa vulgar. Si no "está listo", ¿Cómo se explica el atenderle semana tras semana y cobrarle dinero? Díganle que regrese a casa y que vuelva cuando "Esté listo". Siempre pensé que, si alguien no estaba listo para cambiar", entonces mi labor consistía en prepararlo para cambiar.

¿Qué pasaría si ustedes llevasen su auto al mecánico, éste trabajara en él durante un par de semanas y no lo reparase? Si el mecánico les dijera "El auto no estaba preparado para cambiar", ¿ustedes se conformarían? No obstante, los terapeutas recurren a ese pretexto todos los días.

La otra excusa clásica es la del cliente "resistente". Imagínense su mecánico les explicara que su auto era "resistente". "Su auto no es maduro para admitir el trabajo en las válvulas. Tráigalo la próxima semana y lo intentaremos de nuevo". No se resignarían ni por un minuto, obviamente el tipo no sabe lo que está haciendo, o los cambios que pretende son irrelevantes para el problema, o ha usado herramientas equivocadas. Lo mismo vale para los cambios terapéuticos o educacionales. Los psicoterapeutas y profesores eficientes pueden hacer que la gente "esté preparada para cambiar", y cada vez que aciertan no se topan con resistencia alguna.

Infortunadamente, la mayoría de los seres humanos poseen tendencia perversa. Si están ejecutando algo que no resulta, casi siempre insisten más intensamente, más duro, por más tiempo o más seguido. Cuando un niño no entiende algo, el padre gritará la misma frase en vez de probar con un nuevo conjunto de palabras. Y cuando el castigo no cambia la conducta de alguien, la conclusión general es que no fue suficiente así es que hay que castigarlo más.

Siempre pensé que si algo no funcionaba, ello podría ser una comunicación de que correspondía hacer algo diferente. Si ustedes constatan que algo no funciona, entonces cualquier otra fórmula entraña mejores posibilidades que "más de lo mismo".

Los no profesionales también patentan pretextos interesantes. Suelo coleccionarlos. La gente solía decir "Perdí el control de mí mismo" o "No sé lo que me pasó". Quizás fue una nube gris o un duende escarlata. En los años 60, la gente iba a grupos de encuentro y aprendía a decir "No puedo evitarlo, es así como siento". Si alguien señala "Yo sentí que debía tirar una granada dentro de la pieza", eso no es aceptable. Pero si alguien dice "No puedo tolerar lo que ustedes han expresado, voy a gritarles e injuriarlos, eso es lo que siento", por cierto, la gente lo aceptará.

La palabra "justo", tan fascinante, es una de las maneras de ser injusto con los demás. "Justo" es sólo una manera fácil de descalificar cualquier cosa, excepto lo que usted está afirmando. Si alguien se siente mal, y ustedes le dicen algo agradable, con frecuencia responderá 'Usted está sólo (just) tratando de levantarme el ánimo', como si estimular a alguien fuera un crimen. Quizás ustedes están tratando de animarlo, pero la palabra "sólo" (just) determina que sea lo único verdadero. "Sólo" (just) descuenta todo lo demás en la situación.[3]

La excusa favorita en estos días es "Estaba fuera de mí mismo". Uno puede cometer cualquier fechoría con ello. Es como la defensa por locura o por personalidad múltiple. "No era yo mismo... debió haber sido ella".

Todos estos argumentos son modos de perpetuar la infelicidad, en vez de recurrir a otra fórmula que pudiera tornar la vida más placentera e interesante para ustedes, y también para los demás.

Ahora creo que es tiempo de hacer una demostración. Que alguien nos dé un ejemplo de algo que supone que es una experiencia realmente desagradable.

---

[3] La palabra justo (just) se usa en castellano en contadas ocasiones en el mismo sentido que en inglés, como, por ejemplo "justo a tiempo". En las frases anteriores se traduce por sólo o solamente.

Jo: Siempre me pongo ansiosa al confrontar a alguien. Cuando alguien me ha ofendido de alguna manera, y quiero que me traten diferente, los confronto.

¿Tú esperas que esa sea una experiencia negativa?

Jo: Sí. Y no lo es. Generalmente resulta positiva. Puedo comenzar sintiéndome incómoda, pero me siento más cómoda en la medida en que lo hago.

¿Eso hace que sea útil?

Jo: Encararlos es un aprendizaje útil para mí. Tras cada episodio, me siento más confiada sobre el confrontar a alguien después. No me parece que fuera a confrontarlos, sino que como que tan sólo voy a conversar.

Bueno, piensa en ello ahora. Si vas a confrontar a alguien, ¿aguardas que resulte desagradable?

Jo: Un poco. No tanto como antes.

Te estoy pidiendo que lo hagas ahora.

Jo: Sí, un poquito.

Tenemos que detenernos y damos tiempo para hacerlo realmente. Piensa en alguien a quien sería muy difícil confrontar sobre algo. Considéralo, y averigua cómo puedes esperar que sea desagradable y lograrlo.

Jo: Por ejemplo, tú me resultarías difícil de confrontar.

Yo sería letal en ese caso. ¿Qué te impulsaría a confrontar a alguien?

Jo: Si estimara que mi integridad ha sido dañada.

"Integridad dañada". Yo mandé a reparar la mía.

Jo: O si me insulta de alguna manera. A veces cuando mis ideas son atropelladas.

¿Por qué debes confrontar a alguien?

Jo: No lo sé.

¿Qué pasará si lo haces? ¿Para qué te sirve? ¿Repara eso tu integridad?

Jo: Me convenzo de que estoy valiéndome por mí misma, protegiéndome, preservándome.

¿De qué? La pregunta es: ¿Cuál es la función de la conducta?" Si tú confrontas a algunos tipos, te matarán, aunque sólo sea por un sándwich de jamón. Lo sé por donde yo crecí. Muchos no nacen en lugares como ésos, y si tienen suerte ni sabrán que existen.

¿Cuál es el significado de confrontar a alguien? ¿Posee alguna función más allá de darte ciertos sentimientos diferentes de los que tienes si alguien "daña tu integridad"?, ¿Siempre hay que confrontarlos?, ¿Desafías a todo el mundo?

Jo: No.

¿Cómo sabes a quiénes confrontar, de modo de sentirte mejor?

Jo: La gente en quien puedo más o menos confiar, los que no me van a herir.

Esa es una buena elección. Pero, ¿tú sólo los confrontas cuando te hieren a ti, o a tus ideas?

Jo: Esa es la única vez, que los confronto. Hay muchas ocasiones en que discuto con ellos, pero esa es la única vez que estoy confrontando.

¿Qué es lo que determina que confrontarlos sea importante para ti?

Déjame preguntártelo de otra forma. Si ellos hieren tus ideas, ¿significa eso que las han comprendido mal o que están en desacuerdo con ellas?

Jo: No, Si sólo entendieran mal o estuvieran en desacuerdo, lo aceptaría. Es cuando alguien declara "Eso es basura", o algo así. Depende de la situación o de la persona.

Sí, depende de la situación, y eso es muy importante. Y no postulo que el confrontar no sea valioso. Estoy sólo preguntando "¿Cómo sabes cuándo hacerlo?" y "¿Cómo funciona este proceso?". ¿Matarías a alguien porque estuviese dañando tu integridad?

Jo: No.

Mucha gente sí lo haría. Tal vez sería mejor si les enseñásemos tu estrategia. Pero todavía no sé qué significa para ti "confrontar" a alguien. Ni siquiera sé si le gritas o le metes tu dedo en la nariz, o le cortas la oreja izquierda o la atropellas con un camión. Estoy suponiendo que tu enfrentamiento es verbal.

Jo: Lo es.

Aún no sé si tu voz aumenta de volumen u otros detalles. ¿Cuál es la diferencia entre una "discusión" y una "confrontación"?... ¿Cuántos de ustedes pensaron que lo sabían?... ¿o no pensaron en ello?... ¿o piensan que estoy refiriéndome a ella?

Jo: Para mí hay mucha urgencia en confrontar a alguien. Realmente quiero que sepan como me siento sobre algo. Quiero que sepan como sentí que mis ideas fueran recibidas o rechazadas.

OK. ¿Qué hace que sea urgente? ¿Qué pasaría si no lograras que comprendieran?... Déjame hacerte otra pregunta. ¿Comprenden ellos la idea y dicen cosas inconvenientes, o no comprenden y dicen cosas inconvenientes porque no han entendido...?

Jo: Aprecio tus esfuerzos. Creo que me has brindado una perspectiva diferente. ¿No es así?

No lo sé. Dame una indicación.

Jo: Creo que lo hiciste... Lo noto diferente ahora. Ya no me parece un rechazo, sino que ellos intentan señalar algo diferente...

No lo sé. No he descubierto aún sobre que estamos trabajando acá. No puedes cambiar tan pronto. ¿Cómo puede algo cambiar tan rápido, sólo con palabras, cuando aún no sé lo que es? ¿Importa?

Jo: No, pero cambió. Cambió.

No importa en absoluto.

Jo: A mí no me importa que dijiste, o como lo dijiste, o si sabías de que hablabas. Algo que expresaste, lo cambió. De algún modo intuyo que no tenderé que confrontar a nadie más.

¡Pequeña, estás para una sorpresa!

Jo: Quiero decir que no voy a confrontar a nadie más sobre el tipo de asuntos de los que he estado hablando.

Oh, hay otros asuntos sobre los que tienes que confrontar. Bien, podrías proceder al azar. Ese es mi método. Así no hay que preocuparse de si funciona o no.

Jo: Bien, si me sobrecargo con algo, o si me sirven mal o algo así, confrontaré.

¿Es esa una buena manera de obtener mejor servicio de un restaurante?

Jo: Es una buena manera de obtener mejor servicio en un sinfín de partes.

Permíteme otra pregunta. Realmente no es por molestarte. Eres un buen punto focal para llegar a otras personas inconscientemente. ¿Nunca se te ha ocurrido influir para que la gente en un restaurante se sienta tan bien antes de que te sirvan, que no les reste otra alternativa que brindarte un buen servicio? Siempre me sorprende que la gente entre a un restaurante para que lo atienda un ser humano, y enseguida no lo tratan como tal. Yo fui camarero, y te puedo decir que la mayoría de la gente que va a un restaurante te trata muy extrañamente. Hay poca gente que entra y te induce a sentirte bien, y eso significa gastar más tiempo cerca de ellos, sin importar que la propina sea más o menos generosa. Hay algo en acercarse a alguien que no es agradable, o que ni siquiera aparenta saber que uno está ahí.

¿Alguna vez han jugado con un niño fingiendo que él no existe? Casi todos se ponen muy raros. Imagínate trabajar de camarero y pasearte por una sala llena de gente que finge eso. Entonces alguien te aborda no como máquina sino como ser humano, y te encanta. ¿A quién te acercarías más? Un método de obtener un buen servicio en un restaurante es tratar bien al camarero antes, a fin de asegurarse que él quiera tratarte bien a ti.

La otra posibilidad es obligarlo, y atropellarlo lo suficiente para que te dé lo que tú esperabas obtener sin necesidad de ser desagradable. Si actúas así, no sólo deberás pagar tu cuenta sino también habrás empañado tu experiencia. La mayor parte de la gente no repara en esto. ¿Por qué irían a un restaurante a ser amables con el camarero? Obtendrían un buen servicio de inmediato.

Innumerables personas piensan del mismo modo sobre el matrimonio. "Debiera haber sabido eso". "No deberían tener que decírselo, sino que debería hacerlo automáticamente". De lo contrario, eso indica que es hora de enojarse y de obligarlo a hacerlo. E incluso cuando te impones, ¿qué ganas? ¿Una enorme autoestima?

Hombre: Una oportunidad para que tu pareja se desquite.

He conocido a mucha gente que hace justamente eso. Decidí ocuparme de ello y comenzar deliberadamente el desquite con anterioridad. ¿Mucha gente tiende que quedar a mano con uno cuando uno le hace algo desagradable? No les estoy preguntando si son simpáticos o pesados, esa es tarea de Santa Claus. Lo que les estoy preguntando es "¿Han considerado alguna vez el ser amables con anterioridad?".

Mujer: Sí, mi estrategia en un restaurante es consultarle a la camarera qué es lo que sugiere como mejor en el menú, y ella elegirá una lección. Miraré su sugerencia y le diré que se asegure que es bueno, y que el bistec no resulte muy chico. También le pregunto su nombre y me dirijo a ella por su nombre.

Sí, tú has considerado ser agradable y de hecho has tratado de serlo como todo en el mundo, no siempre funciona. Pero, ¿cuántos de ustedes han considerado siquiera cuando las cosas no iban bien o antes de que fueran bien? ¿Por qué un camarero va a ir todas las noches a un restaurante a atender mal a los clientes, cuando se gana la vida con las propinas? ¿Pensaste en eso alguna vez, Jo?

Jo: Sí.

¿Y los confrontaste?

Jo: Si, lo consideré, pero no fui capaz de estar tan agradable como pensé que correspondía. No era capaz de simpatizar cuando estaba realmente disgustada. No pude cambiar mi conducta.

"Debiera haberlo hecho bien en primer lugar". No es así. Entonces no tendrías por que haberte disgustado y hallar difícil cambiar eso.

Jo: Bien, así me parecía entonces. Me parece muy diferente ahora.

Volvamos al principio. Cuando partimos conversando, Jo quería ser mas competente en esto de ser desagradable. Si realmente oyeron lo que dijo era "Quiero ser capaz de valerme por mí misma, y gruñir y poder atrapar al otro mejor". Nadie en la sala le oyó eso cuando habló al principio. Si la hubiesen oído, habrían tratado de enseñarle como ser más agradable. Calculen lo que un entrenador en asertividad habría realizado con eso. Yo acuñé un nuevo nombre para el entrenamiento asertivo: "preparación para la soledad".

Por el contrario, yo formulo preguntas para aprender como asumir limitaciones de otra persona. Si puedo aprender como funciona, entonces puedo cambiarlas en cualquier forma que yo quiera, y funcionará, pero de diferente manera, ustedes no pueden expresar un juicio válido sobre un caso a menos que sepan lo que es, y no pueden saber lo que es, a menos que lo ensayen.

En consecuencia, pensé: "OK., Jo no puede gruñir y atrapar. ¿Dónde no puede? Porque quiero aprender como no hacerlo ahí". Partí preguntándole "¿Cuándo lo haces?", "¿Cuál es tu propósito?", "¿Qué consigues con ello?". Mis preguntas iban atrás en el tiempo. Partiendo con el problema, retrocedí en el proceso que ella efectúa. Cuando retrocedí lo suficiente, llegó al lugar antes de que gruñera y antes incluso de que sintiera una inclinación a gruñir. Ese es el lugar donde ella puede bordear el problema. Si da el paso siguiente, el problema aparece. Pero si salta al lado, puede ir a otra parte que le complazca más.

Ella va a un restaurante, se sienta, obtiene un mal servicio, se siente pésimo, confronta a la camarera, obtiene después buen servicio y aún se siente mal. Le pregunté "¿Se te ha ocurrido alguna vez cuando ubicas a tu camarera inducirla a sentirse cómoda?". Dijo "No hay remedio después que me siento mal", y está probablemente en lo cierto. OK., ¿por qué no proceder de inmediato cada vez que van a un restaurante, de manera que no encuentren la oportunidad de sentirse mal? Esta pregunta dirige su atención a un tiempo anterior, cuando es fácil diseñar algo diferente, y también le encomienda una tarea muy específica.

Aquí hay algo que todos ustedes han vivido. Llegan a casa sintiéndose fantástico "de película". Cuando abren la puerta, ven que el living se halla revuelto, o que alguien olvidó sacar la basura, o que algo igualmente esencial para su felicidad marcha mal. Se enojan y frustran interiormente, lo suprimen y fingen no sentirse enojados y frustrados, pero no funciona.

Por tanto, van a terapia y señalan "No quiero gritarle a mi mujer". "¿Y por qué le gritaría a su mujer?". "Porque me frustro y enojo". Innumerables clínicos les dirán "Déjelo salir, exprésese, grítele". Y a la mujer le dirán "¿Por qué censurarle que le grite a usted?"

¡Permítale que sea él mismo!". Ustedes hacen lo suyo, y él hace lo suyo... separadamente. Eso es una tontería.

Sin embargo, los clínicos olvidan que cuando él entra a la casa y ve el desorden, primero logra llegar al nivel en que está enojado y frustrado, y enseguida procura contenerse. Lo otro que descartan es que lo que él está tratando de lograr, al impedirse gritarle a ella, es conservar la armonía. Bien, ¿por qué no lograrlo directamente? ¿Por qué no hacer que la puerta abierta lo inunde de pensamientos tan gratos respecto a su mujer, que pase por el living demasiado rápido como para que note algo?

Cada vez que digo "¿Por qué no hacer algo antes de que se sienta tan mal?", el cliente me mira atónito. No se le ocurre retroceder. Siempre piensa que la única forma de ser feliz es efectuar lo que quiere exactamente en el momento en que lo quiere. ¿Es ese el único modo? Debe de serlo. De hecho, el universo no retrocede. El tiempo no retrocede. La luz no retrocede. Pero su mente sí puede retroceder.

Típicamente, los clientes no comprenden en absoluto lo que planteo, o replican "No puedo hacer eso". Parece demasiado fácil. De modo que descubrí que debía presionarlos. No pueden retroceder por sí solos, porque no podían detener su marcha. Así es que aprendí a acosarlos con preguntas que los forzaran a retroceder. A menudo se resisten con dientes y uñas. Tratan de contestar una pregunta, y yo insisto en que contesten otra para obligarlos a retroceder un paso más.

Cuando llego al punto correcto con un cliente, le formulo una pregunta que se mueve hacia el lado y hacia adelante, y va hacia adelante en la nueva dirección. Después de eso el cliente no puede dejar de ir en la nueva dirección. Está tan prisionero de esa forma como de la anterior, pero no le importa porque le gusta permanecer fijo. Así funciona como un resorte. Uno lo comprime, y cuando lo suelta salta hacia adelante nuevamente.

Tan pronto alguien encuentra uno de estos lugares, exclama "Oh, he cambiado. Sigamos ahora". Con total indiferencia. "¿Cómo sabe que ha cambiado?". "No sé. No importa. Sólo que ahora es distinto". Pero Jo va impulsada en su nuevo camino. La he estado probando repetidamente. Y no puede ahora retroceder al otro, pues es demasiado tarde.

Efectué esto simplemente presuponiendo que lo que obtiene a su modo es valioso, y todo lo que necesito es descubrir cómo usarlo. Así, tomo la conducta por la cual Jo se siente incómoda -el confrontar- y la hago retroceder adonde ella ni siquiera sueña en confrontar. Esas mismas fuerzas que solían propulsarla a confrontar y a sentirse incómoda por ello, ahora la impulsan a asumir otra conducta.

Lo que hemos explorado acá con Jo es un patrón común de conducta en el matrimonio. Tú pretendes algo de él, pero no te lo da. Entonces te sientes mal, y le dices cuan mal te sientes, esperando que eso le preocupará e interesará lo suficiente como para que te lo dé.

Hay momentos en que uno no obtiene lo que quiere de otra persona. Pero cuando no se obtiene, ¡el sentirse mal está totalmente demás! ¿Repararon alguna vez en ello? Primero no obtienen lo que quieren, y enseguida hay que sentirse mal largo tiempo porque no lo obtuvieron. Y luego hay que sentirse mal para procurar obtenerlo nuevamente. Si se sintieran bien, entonces podrían volver donde esa persona y decirle "Oye, ¿quieres hacerme esto?". Si expones eso con un tono alegre de voz, es mucho más probable que lo consigan, y sin repercusiones futuras.

El peor error es creer que la única forma de sentirse bien en ciertas situaciones es que otra persona se comporte de una determinada manera. "Debes comportarte de la forma que yo quiero que lo hagas, a fin de que yo pueda sentirme bien, o voy a sentirme mal hasta hacerte sentirte mal a ti también". Cuando él no está ahí para comportarse de esa manera, entonces no hay nada que te anime. Y te amargas, Cuando él vuelve, entonces le dices "No estuviste aquí para comportarte de modo que me sintiera bien, por eso quiero que ahora sufras. Quiero que estés aquí todo el tiempo. No juegues más fútbol; no vayas a pescar los fines de semana nunca más; no vayas a la universidad; no vayas a seminarios; quédate aquí todo el tiempo. Yo puedo salir porque me distraigo, pero cuando regrese a casa tienes que estar ahí para que me sienta a gusto. Si tú me quieres acatarás mi voluntad, porque cuando no lo haces me siento mal, porque te quiero". Bizarro, ¿verdad? Pero es así como opera. Y, en alguna forma, es cierto. Te hayas sólita y te sientes triste. "Si esa persona estuviera aquí haciendo esto, me sentiría bien". ¿Qué diablos pasa? Por supuesto, si él está ahí a regañadientes ¡es aún peor! La gente rara vez se detiene y dice "¿Qué será importante para la otra persona?" Más raro aún es que alguien se pregunte "¿Qué podría hacer yo para que ella quisiera hacer esto para mí?"

Si dentro de ti sientes que cuando él no te dedica una cierta cantidad de tiempo, entonces es el momento de sentirte mal... y si tú mides ese sentirte mal y lo visualizas a él y conectas ese mal sentimiento con su cara, entonces cuando vuelva y veas su cara ¡logras sentirte mal cuando él está acá! ¡Sorprendente! ¡Ahora no sólo te sientes mal cuando él no está acá, sino también cuando él regresa! Eso no parece divertido, ¿verdad? No es justo para nadie vivir así.

Y si él se siente culpable por haber salido, y se imagina como será el retorno a casa y verte, conectará el sentimiento de culpa con la imagen de tu cara. Entonces cuando regrese y te vea, se sentirá culpable de nuevo, y tampoco deseará estar acá. Esos son los *metapatrones* de la obligación. Ambos se basan en un tremendo error: la idea de que el matrimonio es una deuda personal.

Si les preguntas a las personas lo que quieren, generalmente hablan de que aspiran a lo que no tienen, más que a lo que ya tienen. Tienden a ignorar y a dar por sentado lo que ya poseen y gozan, y sólo se percatan de lo que les falta.

Pocas veces las parejas casadas estiman que tienen mucha suerte, tal como lo estimaron cuando recién se conocieron. Imagínense como sería si cada vez que tú lo vieras a él, sintieras como te sonríe la fortuna. Y si él no está ahí en el momento en que tú quisieras que estuviese -porque está en algo que tú quisieras que no hiciera, es porque tú no quieres hacerlo con él-, incluso entonces pudieras sentirte afortunada porque esa persona especial está contigo la mayor parte del tiempo y no te obliga a hacer cosas que no quieres hacer. Y cuando él está en otra cosa, te sientes afortunada porque ese es el único precio que hay que pagar. No es un precio excesivo, ¿verdad? Si no puedes reaccionar así, entonces personalmente no creo que valga la pena.

Algo que siempre me ha impresionado es que la gente rara vez se comporta mal con los desconocidos. Uno realmente debe conocer muy bien y amar a alguien, antes de tratarlo como una basura y abrumarlo por simples detalles. Muy pocos le gritarán a un extraño sobre cosas importantes como las migas en la mesa del comedor, pero si la quieres, entonces: adelante.

En una oportunidad vino a consultarme una familia, y el marido era realmente antipático. Apuntó a su mujer y gruñó "Ella cree que una niña de catorce años puede recogerse después de las 9:30 de la noche".

Lo miré directo a los ojos y le espeté "Y usted cree que una niña de catorce años debiera aprender que los hombres les gritan a sus mujeres y las acusan".

¡Es terrible andar tan perdido!

A menudo una familia trae a la consulta a una hija adolescente porque algo le pasa; le gusta el sexo y no han obtenido que lo repudie. Hablan de una tarea sobrecogedora, idealista, airoza: ¡lograr que alguien recupere su pureza! Los padres buscan que uno convenza a su hija de que el sexo no es agradable, sino peligroso, y que si ella lo goza ¡va a influirle de manera que lo lamentará el resto de la vida! Algunos terapeutas aceptan esa tarca... incluso algunos salen airosos.

Un padre literalmente arrastró a su hija a verme, torciéndole el brazo tras la espalda, la empujó a una silla y gruñó "Siéntate".

"¿Pasa algo?", pregunté.

"Esta niña es una putinga"

"No necesito una, ¿para qué me la trae?"

¡Esa sí que fue una interrupción! Esas primeras frases son mis favoritas; uno le puede freír los sesos a alguien con una réplica como esa. Formúlenle una pregunta similar después, y nunca podrá volver a donde estaba.

"No, no. Eso no es lo que estoy diciendo..."

"¿Quién es esta chica?"

"Mi hija".

"¡usted convirtió a su hija en una puta!"

"¡No, no! usted no entiende..."

"¡Y usted me la está ofreciendo a mí! ¡Que asqueroso!"

"¡NO, no, no! usted me ha entendido mal".

Este hombre que llegó gritando y amenazante, ahora ruega que yo le entienda. Ha girado totalmente desde atacar a su hija a defenderse a sí mismo. Mientras, la hija casi reventaba de risa. Pensó que era maravilloso.

"Bueno, explíquese entonces".

"Tan sólo creo que todas estas cosas horribles le van a suceder".

"Bueno, si le enseña usted esa profesión, seguramente le sucederán".

"No, no, mire, es que..."

"Bueno, ¿qué es lo que quiere que yo haga?, ¿Qué es lo que usted quiere?"

Entonces comenzó a describir todas las cosas que él quería. Cuando terminó, le dije "usted la trajo acá torciéndole el brazo y la tiró al asiento. Así se trata a las prostitutas; usted la está entrenando para eso".

"Bueno, yo quería obligarla a..."

"Oh, 'obligarla', enseñarle que los hombres controlan a las mujeres empujándolas, mandándolas, torciéndoles los brazos tras la espalda, forzándolas a actuar contra su voluntad. Así operan los cafiches. Lo único que le falta es cobrar dinero por eso".

"No, eso no es lo que ha sucedido. Se ha acostado con su novio".

"¿Le cobró?" "No".

"¿Lo ama?"

"Es demasiado joven para amar".

"¿No lo amaba ella a usted cuando era niñita?"... Proyecté la imagen de ella cuando niñita, sentada en la rodilla del papá. Casi siempre uno puede conmover a viejos gruñones con esa imagen.

"Déjeme preguntarle algo. Mire a su hija... ¿No desea usted que ella sea capaz de amar y de gozar del sexo? La moral del mundo ha cambiado, y eso no tiene por qué gustarle a usted. Pero, ¿le gustaría que la única manera de interactuar con hombres que ella aprendiera, fuese la manera como usted la trajo acá hace algunos momentos? ¿Y que ella esperara hasta cumplir veintiún años y se casara con alguien que le pegara, la empujara, abusara de ella y la obligara a moverse contra su voluntad?"

"Pero puede equivocarse, y eso la herirá".

"Es posible. En dos años más ese tipo puede botarla como a una piedra caliente y marcharse. Y cuando se sienta mal y sola... no tendrá donde ir, pues lo odiará a usted. Si llegase a retornar a su casa, usted le diría "Yo te lo advertí".

"Incluso si se las arregla por sí sola, encuentra a otra persona y establece una verdadera relación, cuando nazcan sus hijos -sus nietos no vendrá a mostrárselos. Porque recordará lo que usted tramó, y no querrá que sus hijos se enteren..."

A estas alturas el padre no atina a nada, y así uno lo agarra. Lo mira directo a los ojos y le dice "¿No es más importante que ella aprenda a relacionarse con amor?... ¿o debiera aprender a imitar la moral de cualquier hombre que pueda forzarla? Ese es el papel de los cafiches".

Prueben a sacarlo de ahí. No hay salida. No hay forma en que su cerebro pueda volver a hacer lo de antes. No podría actuar como un cafiche. No importa que uno obligue a alguien a no hacer algo o a hacer algo, o si uno lo obliga a hacer algo "bueno" o algo "malo". La manera en que uno lo obliga le enseña a ser controlado de esa forma.

El problema es que en este punto él no tiene nada más que hacer. Ha renunciado a lo que hacía antes, pero no tiene nada que aportar en reemplazo de ello. Hay que darle alguna tarea, tal como enseñarle a ella la mejor manera posible en que un hombre puede relacionarse con una mujer. Porque, entonces, si lo de su hija con ese tipo no es bueno, ella no estará satisfecha con él. ¿Saben lo que eso implica? Él debe construir una fuerte relación positiva con su mujer, y ser agradable con los demás de la familia, y conseguir que esta hija se sienta mejor con ellos que junto al tipo que la ronda. ¿Cómo está eso para una compulsión?

Y jamás le pregunté "¿Qué siente usted sobre esto?, ¿Qué está sintiendo ahora?, ¿De qué se da cuenta?". Ni tampoco "Arrepiéntase" o "métase dentro de sí mismo y pregúntese a sí mismo".

Así, cada vez que se sientan mal por algo y se sientan atascados... o especialmente correctos o justos, espero que aparezca una vocecita dentro de sus cabezas que diga "¡Vas a obtener lo que mereces!" Y si sienten que no hay nada que puedan hacer, tienen razón, hasta que vayan dentro de su cerebro y retrocedan, retrocedan, retrocedan, de modo que puedan moverse hacia adelante a intentar conseguirlo de otra manera.

La gente olvida tan fácilmente que es lo que quieren. Dan un paso en una dirección para tratar de obtenerlo, y quedan atrapados en la forma en que están tratando. No se dan cuenta de que la forma que han elegido para obtener lo que quieren, no funciona. Cuando no funciona, van a terapia a tratar de aprender a hacerlo mejor. No se han dado cuenta que lo que están tratando de aprender les brindará exactamente lo que no quieren.

Cuando ocurre algo que a uno le desagrada, siempre se puede afirmar "Es tu culpa; te voy a destruir". Probablemente, ese era un sistema muy útil en la jungla. Pero la conciencia ha tenido que evolucionar al punto en que uno puede decirse "Poseo un cerebro. Retrocedamos un poquito, teniendo presente que es lo que quiero, y vamos a obtenerlo".

## V. Ir por Todo

En su intento de comprender el "por qué" la gente realiza cosas, el campo de la psicoterapia ha desarrollado muchos modelos que han fallado posteriormente. Sin embargo, muchos psicólogos continúan fieles a sus métodos. Aún hay gente que anda buscando "Ellos" y "Egos", y es tan probable que los encuentren como un "padre", un "niño" o un "adulto". Pienso que la mayoría de los psicólogos deben haber visto demasiadas películas de terror cuando niños. "Usted tiene dentro de sí un padre, un adulto y un niño que lo compelen a actuar". Suena como si uno necesitara un exorcismo. La gente solía decir "El demonio se apoderó de mí. Ahora dicen "Mis partes me esclavizaron".

"Bien. Usted está diciendo eso porque es su 'padre' el que habla".

"No, él está allá en New Jersey".

El Análisis Transaccional es una herramienta para dividir las conductas en tres partes, un poco a la manera de las personalidades múltiples, con la diferencia que se supone que el AT consigue sanar. Si han avanzado realmente, llegan a acumular hasta nueve partes, ¡porque cada una de las tres primeras partes contiene un padre, un adulto y un niño dentro de sí! Nunca me gustó el AT porque según él sólo el niño puede divertirse, y sólo el adulto puede razonar. Todos tienen exactamente las mismas partes, de modo que no hay sitio para ninguna individualidad. El AT es también una sociedad segregada: mi adulto no puede hablar con su niño, sólo con su adulto. ¿Por qué mi niño no puede hablarle a su padre? No me parece justo. Pero traten de convencer a los demás de ello. ¿Cuántos de ustedes compraron la idea? Alguien se las explicó, y pensaron "Sí, claro". No todos en el mundo tienen un padre, un adulto y un niño que discuten entre sí. No encontrarán eso en Tahiti. Hay que ir a un terapeuta para cargar con tales problemas.

¿Cuántos de ustedes han oído dentro de sí la voz de un "padre crítico" que los reprende y obliga a algo? Si alguien les sugiere que hay una voz dentro de ustedes que los critica todo el tiempo, y comienzan a escucharla, ¿saben qué?: pueden instalar una. Una cosa interesante que pueden hacer es concordar con esa voz crítica, una y otra vez, hasta que la voz enloquece. Otra fórmula es cambiar su ubicación. Averigüen ¿qué pasa si oyen la misma voz como saliendo del dedo gordo del pie izquierdo...? Ese traslado cambia ciertamente el impacto de la voz, ¿verdad?

Sin embargo, consideren que su voz crítica podría tener la razón. Tal vez debieran escuchar su mensaje, en vez de sentirse tan sólo mal. Me agradaría mostrarles lo que pueden hacer con una voz crítica que los atosiga. ¿Quién tiene una bien intensa?

Fred: Yo tengo una bien fuerte casi todo el tiempo.

Bien, ¿puedes oírla ahora?

Fred: Sí, me está criticando por hablar.

Magnífico. Pregúntale qué quiere para ti que sea positivo, y escucha su respuesta. ¿Quiere esa voz que de algún modo estés protegido? ¿Quiere que seas más competente? Hay varias posibilidades.

Fred: Quiere que tenga éxito; me censura si me expongo.

OK, supongo que coincides con su intención. Tú también quieres el éxito ¿verdad?

Fred: Sí, cierto.

Pregúntale a la voz si cree contar con una buena información que podría serte útil para tener y comprender...

Fred: Dice "Por supuesto".

Puesto que cuenta con una buena información, pregúntale si estaría dispuesta a tratar de cambiar la forma en que te habla, si con ella lo hiciera para ti más fácil de escuchar y comprender, y así pudieras lograr más éxito...

Fred: Es escéptica, pero está dispuesta a intentarlo.

Ahora, Fred, quiero que pienses en diferentes formas en que la voz podría ser distinta, de modo que la escucharas mejor. Por ejemplo, si usara un tono más suave y amistoso, ¿te sería más fácil prestarle atención? ¿Ayudaría el que la voz te impartiera instrucciones específicas sobre qué hacer, más que criticar lo que ya has hecho?

Fred: He pensado en un par de cosas que podría efectuar en forma diferente.

Bien. Pregúntale a la voz si accede a probarlas, a fin de averiguar si efectivamente escuchas mejor si te habla en otra forma...

Fred: Está dispuesta.

Dile que lo haga...

Fred: Es sorprendente. Lo está haciendo y ya no es un "padre crítico". Es más bien alguien que ayuda amistosamente. Ahora es un agrado escucharlo.

Cierto. ¿A quién le gusta oír una voz que chilla y sermonea?

También los padres debieran emplear esta técnica cuando quieren que sus hijos los escuchen. Si usan una tonalidad grata, los niños los escucharán, pueden discrepar con lo que ustedes digan, pero al menos los oirán. Este procedimiento es algo que hemos llamado "Reencuadre", y es la base de un conjunto de destrezas de negociación muy útiles en la terapia familiar y en el comercio, y también dentro de su propio cerebro. Si quieren conocer algo más sobre ello, lean el libro "Reframing". El punto que queda destacar ahora es que la voz de Fred había olvidado su propósito hasta que se lo recordé. Quería motivarlo a ser exitoso, pero todo lo que realmente estaba logrando era aturdirlo.

Aunque el movimiento de liberación femenina ha tenido un impacto positivo, en alguna forma ha provocado lo mismo. La meta original consistía en motivar a la gente a cambiar el modo en que tratan a las mujeres. Las mujeres se educaron sobre que tipos de conductas son sexistas. Ahora, si otra persona hace una afirmación sexista, ¡usted tiene que alterarse! No me parece un signo de progreso el que ahora la gente "liberada" se desespere cuando otra persona use un término sexista. ¿Qué clase de liberación es esa? Es como ser un niño, y si alguien te dice "tonto" o "lelo" entonces hay que llorar. La gente solía usar palabras sexistas y nadie lo notaba; ahora cuando se usan esas palabras, es tiempo de gruñir y quejarse. ¡Qué liberación! Ahora poseen un nuevo conjunto de motivos para sentirse mal. Yo solía visitar clubes nocturnos y detectaba mujeres que reaccionaban de esa forma. "Ahí va una buena. Observen esto. La puedo hacer sentirse terrible". "Hola preciosa". "Arrgghh".

Si ustedes no desean que la gente use lenguaje sexista, es más lógico hacer que ellos se sientan mal en tales ocasiones. Es mucho más divertido y mucho más efectivo... y mucho más liberado.

Una de mis entretenciones es acorralar a las mujeres que formulan afirmaciones sexistas.

Alguien dice: "Las chiquillas en la oficina..."

"¿Qué edad tienen?"

"Bueno, deben de andar por los 30..."

"¡Y usted las llama chiquillas! ¡Son mujeres, cerda sexista! ¿Acaso le dices chiquillo a tu marido?"

Si ustedes intervienen para que la gente se incomode cuando lanza afirmaciones sexistas, eso al menos coloca la motivación al cambio donde corresponde, en la persona cuya conducta procuran alterar. Sin embargo, la crítica y el ataque no son realmente las mejores maneras de obtener que la gente cambie. Lo mejor es descubrir como se motivan ellos mismos, y aprovechar eso.

Si formulan una serie de preguntas raras, y así son perseverantes, podrán descubrir como cualquier persona hace algo determinado, incluyendo como es su motivación. Mucha gente sufre de "falta de motivación", y un ejemplo de eso es la incapacidad de levantarse por las mañanas. Si estudiamos a esas personas, podemos descubrir como no despertar, lo que podría interesar a los insomnes. Todo lo que la gente hace resulta útil para alguien, en algún lugar, en algún momento. Pero descubramos como alguien despierta fácil y rápidamente, sin drogas. ¿Quién aquí despierta con facilidad en la mañana?

Betty: Yo me levanto con facilidad.

OK, ¿cómo te levantas?

Betty: Me despierto no más.

Necesito unos cuantos detalles más. ¿Cómo sabes cuándo estás despierta? ¿Qué es lo primero de lo que te das cuenta cuando abres los ojos? ¿Generalmente te ayuda el despertador o despiertas sola?

Betty: No tengo despertador. Tan sólo me percato de que no estoy durmiendo.

¿Cómo te das cuenta de que te has despertado? ¿Comienzas a hablar contigo? ¿Comienzas a ver algo?

Betty: Me hablo a mí misma.

¿Qué te dices?

Betty: "Estoy despierta. Estoy despertando".

¿Qué te permitió saber que podías decir eso? La voz que anuncia "Estoy despertando" te está notificando que hay algo que notar, así es que algo debe haber precedido a la voz. ¿Comenzaba la voz una sensación, o entró súbitamente luz? Algo cambió. Retrocede y recuérdalo para que puedas ir a través de ello en forma secuencial.

Betty: Creo que es una sensación.

¿Qué clase de sensación? ¿Calor? ¿Presión?

Betty: Calor, sí.

¿Fuiste de más calor a más frío, o viceversa?

Betty: La sensación de calor se intensificó. Sentí que mi cuerpo se alertó.

A medida que comenzaste a darte cuenta de tus sensaciones de calor, te dijiste a ti misma "Estoy despertando". ¿Qué sucede justo después de eso? ¿No has visto nada aún? ¿No hay imágenes internas?

Betty: Me digo "Debo levantarme".

¿Es fuerte la voz? ¿Hay otros sonidos o sólo está la voz ahí? ¿Posee un timbre determinado?

Betty: Es una voz muy calmada, muy dócil.

¿Cambia el tono de la voz a medida que empiezas a despertar más y más?

Betty: Sí, se acelera y se vuelve más clara, más alerta.

Este es un ejemplo de lo que llamamos estrategia de motivación.

No es todo, pero basta darnos la pieza clave que permite que funcione. Ella dispone de una voz interna que suena calmada, adormilada. Luego cuando dice "Tengo que levantarme", comienza a acelerarse y a cambiar a un tono más despierto y alerta.

Quiero que el resto de ustedes intente esto. Practicándolo descubrirán realmente como otra gente consigue cosas. No tienen que pronunciar las mismas palabras, pero dense un tiempo para cerrar los ojos, sentir su cuerpo, y enseguida escuchen una voz dentro de su cabeza. Que esa voz comience a hablarles en un tono adormilado y tranquilo... Ahora hagan que la voz se acelere un poco, se vuelva más fuerte y más alerta. Noten cómo cambian sus sensaciones...

¿Afecta esto cómo ustedes sienten? Si no, tómense el pulso. Una voz interna excitada es una excelente forma de despertarse cuando lo necesitan. Si empiezan a hablar consigo mismo y a adormecerse en un momento en que probablemente no les convenga, como en la carretera, pueden aprender a aumentar el volumen y el tono, a hablar un poco más rápido de algo excitante, y ello les despertará de inmediato.

Esta es la trampa de muchos insomnes. Se hablan a sí mismo con una voz alta, excitada, aguda, y así despiertan, incluso cuando están explayándose sobre lo mucho que requieren dormir. Los insomnes tienden a ser muy alertas y motivados. Juran que no duermen mucho, pero algunos estudios han encontrado que en realidad duermen lo mismo que todo el mundo. La diferencia reside en que pierden mucho tiempo pugnando por conciliar el sueño, y continúan despertándose a sí mismos con su tono de voz.

Otra forma importante de fomentar el insomnio es mirar montones de imágenes internas brillantes y relampagueantes. Le pregunté a un cliente por lo que hacía y me dijo "Bien, comienzo a pensar en todas las cosas en que no estoy pensando". Me fui a mi casa y esa misma noche lo intenté. "¿Qué es aquello en que no estoy pensando?". Pronto eran las seis de la mañana, y deduje "Ya sé lo que es: dormir".

Ahora quiero que cambien su voz interna del otro modo. Tórnenla más y más suave, lenta y adormilada, y noten como influye.

Una vez casi perdí a todos los asistentes a un seminario con este ejercicio. Abran sus ojos y aceleren de nuevo esa voz, o tendrán que captar el resto del seminario inconscientemente. Esto es algo que pueden enseñarle a los insomnes, y es también un proceso que pueden usar ustedes mismos ¡cuando lo requieran! Por ejemplo, he aprendido que lo mejor que puedo hacer en un avión es estar inconsciente. Entre mi casa y el aeropuerto principal hay un corto vuelo de 20 minutos. Tan pronto me siento en el avión -ZZ- estoy inconsciente.

Hombre: Cuando usted se pone a averiguar como alguien se motiva sí mismo ¿cómo sabe que ha llegado al principio de la secuencia? Por ejemplo, Betty señaló que la voz comenzó a ser más intensa. ¿Cómo sabe usted qué preguntar en ese punto?

Ello depende de su propósito al preguntar. No hay realmente ninguna manera de determinar cuando comienza el proceso. Ustedes tan sólo necesitan reunir suficientes detalles, de modo que logren crear la misma experiencia. Si lo hago yo mismo, y si funciona, entonces probablemente ya manejo bastante información. La manera de comprobar estas cosas es a través de la experiencia, la de ustedes o la de otra persona.

Una vez que conozco la estrategia motivacional de alguien, literalmente puedo motivarlo a pararse arriba de una silla o a hacer cualquier cosa orientándolo por el mismo proceso: "siente la silla, di a ti mismo 'tengo que levantarme'. Cambia tu tonalidad y dilo de nuevo con una voz más rápida, más alta, más alerta". Cualquiera que sea el proceso que uses para levantarte en la mañana, probablemente recurres al mismo proceso Para bajar las escaleras, buscar un libro, o para emprender cualquier actividad.

Hay un montón de cosas diferentes que la gente inventa para motivarse. Más que contarles a ustedes sobre ellas, quiero que tengan la ocasión de descubrirlas ustedes mismos. Júntense en pareja con alguien que no conozcan, y descubran como se levanta en la mañana. Todos aquí tuvieron que poner en práctica esta mañana al menos su estrategia de motivación, y los que se olvidaron no llegaron a la cita. Partan preguntando simplemente "¿Cómo te levantas cada mañana?". El compañero les replicará con una o dos afirmaciones bastante generales, y ustedes deberán formularle más preguntas hasta obtener el resto de los elementos de la forma más específica posible.

Cuando crean que dominan la secuencia total, pruébenla ustedes mismos para ver si funciona. Por ejemplo, su compañero puede decir 'Veo la luz que entra por las ventanas, y me digo a mí mismo 'levántate' y me levanto". Si lo prueban ustedes mismos -miran la luz en las ventanas y se dicen "levántate" no necesariamente van a saltar fuera de su cama. Tal vez no basta. Deben agregar más pasos al proceso para que funcione. La gente lo hace automática e inconscientemente, así es que a menudo necesitarán numerosas preguntas para recuperar todos los datos. Puesto que este no es un seminario sobre estrategias, no insisto en que aprecien todos los pequeños detalles. Pero quisiera que obtengan los pasos básicos de la secuencia, y capten la pieza clave que causa la secuencia. Esta será generalmente un elemento que cambia en forma gradual. Con Betty, fue el cambio en el tono de voz el que realmente la despertaba. Para descubrir esto, hay que ser majadero al pedir detalles. Si alguien dice "Formo una imagen de mí mismo levantándome", exijan más detalles. "¿Es una película? ¿O es una diapositiva? ¿Tiene color? ¿Es grande? ¿Te murmuras algo a ti mismo? ¿Qué tono de voz empleas?".

Esos pequeños factores determinan la secuencia de desarrollo. Algunos de ellos serán mucho más efectivos que otros, y pueden descubrir eso cambiándolos uno por uno, y midiendo su impacto. Júntense en parejas ahora e intenten esto; tomen unos 15 minutos cada uno...

Bien, ¿qué descubrieron? ¿Cómo se motiva su compañero? ¿Cuáles son las piezas claves en la secuencia?

Bill: Mi compañero primero mira el despertador, y lo mira al mismo tiempo que lo apaga. Enseguida se tiende de nuevo, y siente cuan cómodo está en la cama. Una voz interior dice "Si te quedas aquí, te dormirás y te atrasarás", y forma una imagen de una vez que llegó tarde al trabajo y se siente mal. Entonces la voz sentencia "La próxima vez será peor", y forma una imagen aún más grande de lo que sucederá si se atrasa nuevamente, y se siente peor. La secuencia parece ser "voz, imagen, sentirse mal". Cuando la incomodidad es lo suficientemente intensa, entonces, se levanta.

Eso es lo que llamamos "la vieja rutina de la angustia". Se generan sentimientos desagradables hasta que uno se motiva a fin de evitarlos. Rollo May la tiene. Incluso escribió un largo libro sobre ello, el que puede resumirse en una frase: "La angustia ha sido mal interpretada; la angustia es buena porque logra que la gente actúe". *Si su estrategia motivacional se basa en la angustia entonces, eso es absolutamente correcto*. Pero no todos utilizan ese tipo de motivación. A otras personas la angustia les impide alcanzar su objetivo. Planean algo interesante, enseguida forman una imagen de como podrían marchar mal las cosas, entonces sienten angustia y se quedan cruzados de brazos.

Suzi: Yo me comporto en forma similar al compañero de Bill. Me digo a mí misma que puedo reposar algunos instantes más, y lo hago. Pero a medida que pasa el tiempo, mi imagen de estar atrasada aumenta y se torna más próxima y nítida. Queda la misma imagen, pero cuando es lo suficientemente grande debo salir de la cama para detener mi malestar.

¿Dejas para después otras cosas también? ¿Cuántos de ustedes elaboraron informes en el último minuto cuando estudiaban en la universidad? Mientras más esperaban, más motivados estaban. El compañero de Bill cuenta con su propio generador interno de angustia. Suzi corre contra el reloj. Ambos son muy similares en el sentido de que usan sentimientos desagradables como motivación. ¿Alguno de ustedes encontró un ejemplo que se basara en sentimientos agradables, incluso para cumplir una tarea antipática?

Frank: Sí, Marge se imaginaba todas las cosas que iba a efectuar en el día y se sentía bien así. Dijo que esas imágenes optimistas "la tiraban fuera de la cama".

¿Y qué pasaba si había sólo cosas desagradables para ese día? ¿Le consultaste eso?

Frank: Sí. Dijo que formaba la imagen de que todas esas cosas estaban ya terminadas, y se sentía bien por eso. Esa buena sensación la tiraba también fuera de la cama. Eso a mí me pareció irreal. No concibo que realmente funcione, y me interesa tu opinión al respecto.

¿Dónde está Marge?... Marge, ¿cuándo elaboras tus declaraciones de impuestos?

Marge: A mediados de enero. Es tan agradable tener las listas, pues así puedo dedicarme a otros asuntos.

Bien, ciertamente parece que le funciona. A nadie le gusta hacer declaraciones de impuestos, pero la mayoría de la gente se alegra tras haberlas hecho. El truco está en la capacidad de darle acceso a la sensación agradable correspondiente a haberlas hecho antes del comienzo. La motivación de Marge se nutre de sentimientos agradables en vez de sentimientos desagradables. Es menos común y le parece muy raro a Frank, que realiza lo contrario.

Mucha gente es capaz de motivarse para efectuar cosas agradables, forman imágenes de estar haciendo las cosas agradables, y se sienten tan motivados por éstas que comienzan a ejecutarlas. Sin embargo, este proceso no funciona para las cosas que uno quisiera haber hecho, pero que no le gusta hacerlas. Si a uno no le gusta hacer declaraciones de impuestos y ve una imagen de estar haciéndolas, sentirá repulsión. Eso no es en forma alguna motivante. Si quieren motivarse positivamente, deben pensar en que es realmente atractivo en esa tarea. Si no les gusta la tarea en sí, es muy atractivo el haberla hecho.

Pero en realidad, se necesita otra pieza clave para que resulte la estrategia motivacional de Marge. ¿Cuántos de ustedes han pensado en cuan grato sería tener hecho algo y en seguida se les acabó el ímpetu cuando se sentaron a hacerlo?

Marge, cuando comienzas tu declaración de impuestos, ¿qué te mantiene trabajando?

Marge: Todo el tiempo estoy pensando en cuan grato será el concluirla.

Esa es una pieza importante, pero apuesto a que hay algo más.

Marge: Bueno, cada vez que escribo un número o lleno parte del formulario me siento bien porque eso ya está listo. Es como un bocadito del sentimiento agradable que me inunda cuando he terminado lodo.

Correcto. Estas dos piezas son las que te conducen a la victoria, y la segunda es aún más efectiva que la primera. Si tan sólo piensas en que algo está totalmente hecho, y toma algún tiempo terminar un proyecto, puede parecer como algo inalcanzable. Pero esa sensación grata de logro que obtienes cada vez que completas una pequeña parte de la tarea, te sostendrá a través de muchas instancias pesadas.

Marge: Eso es muy interesante. Explica muchas cosas en mi vida. La gente a menudo declara que son una "Pollyanna", porque siempre pienso en cuan agradable será cuando se haya terminado algo molesto. Siempre hago mucho, pero he tenido dificultades para obtener que otros emprendan tareas desagradables. Cuando les digo cuan agradable será concluirlas, generalmente me miran sin comprender nada.

Así es. No lo comprenden. Esa no es la forma como ellos se motivan.

Frank: Me parece que estuvieras diciendo que alguien podría estar poderosa y efectivamente motivado sin generar sentimientos desagradables. ¿Hay alguna esperanza para el resto de nosotros, que se impulsa mediante la angustia?

Por supuesto. Como todo lo que la gente efectúa, las estrategias motivacionales se aprenden, y ustedes pueden aprender otra. Es relativamente fácil enseñarles la estrategia de Marge. Pero hay que ser cuidadosos cuando provocan un cambio tan penetrante en la vida de una persona.

Algunas personas adoptan pésimas decisiones, pero puesto que no se motivan con facilidad se salvan de muchos problemas. Si les enseñan una estrategia motivacional realmente efectiva, llevarán a cabo todas esas malas decisiones y harán una infinidad de estupideces, irrelevantes y quizás dañinas. Por eso, antes de inculcarle a alguien una nueva estrategia motivacional poderosa, me aseguro de que la persona posea ya una forma efectiva de adoptar decisiones. Si no, le enseño una nueva estrategia decisional antes de enseñarle una nueva estrategia motivacional.

Hay una gran cantidad de variaciones en como la gente se motiva, pero ya hemos reunido ejemplos de los dos patrones principales. La mayoría se motiva pensando en cuan mal se sentirán si no hacen algo, y en seguida se alejan de ese sentimiento. Los psicólogos de ratas llaman a esto "condicionamiento aversivo".

Unas pocas personas hacen lo contrario, y es el caso de Marge. Ella usa sentimientos agradables para moverse hacia lo que quiere que suceda, en vez de alejarse de lo que no quiere que suceda, y obtiene refuerzos todo el tiempo.

Alguien con una estrategia motivacional como la de Marge vive en un mundo enteramente diferente al de la mayoría de la gente: un mundo sin mucha angustia, desagrado y stress, que es lo que mucha gente se lubrica.

Muchas personas poseen una combinación de ambos sistemas. Primero pueden pensar en lo que sucederá si no hacen algo, y enseguida piensan en cuan grato será cuando esté concluido.

Todas las estrategias motivacionales funcionan, y no se puede derrotar a algo que funciona. Sin embargo, algunas de ellas son mucho más rápidas y tenaces, y se gozan más que otras.

Una serie de problemas que lleva a la gente a terapia, o a la cárcel, se relaciona con la motivación. Ya sea que no estén motivados para hacer cosas que quieren, o que otra gente quiere que ellos hagan, o que estén motivados para hacer cosas que ellos, u otras personas, no quieren que hagan. Hoy nos hemos dedicado a explorar un poco como funciona la motivación, de manera de que adquieran algo de control sobre lo que ustedes están motivados a hacer. Lo que hemos ensayado aquí es sólo el principio de lo que podemos lograr mediante la motivación, pero les daré algo con lo que pueden experimentar por sí mismos.

## VI. Entender la Confusión

Mucha gente se mete en dificultades porque está confundida sobre algo. Me gustaría mostrarles como encarar la confusión y tornarla en algo comprensible. Necesito que alguien participe para mostrar como se hace. Después voy a pedirles que se junten en parejas y que trabajen unos con otros, así es que pongan atención.

Bill: Me gustaría participar.

Primero piensa en algo en lo que estás confundido y que te gustaría comprender.

Bill: Hay muchas cosas que no comprendo...

Detente. Quiero que escuches cuidadosamente lo que solicito. No te pido pensar en algo que no comprendes, sino en algo sobre lo cual estás confundido. "Estar confundido" y "no comprender" son estados muy diferentes. Hay miles de cosas que no comprendes, porque no sabes nada de ellas. Probablemente no comprendes la cirugía a corazón abierto o como diseñar una bomba de hidrógeno. No estás confundido sobre eso; tan sólo careces de la información necesaria para comprender tales materias.

La confusión, sin embargo, es siempre una señal de que estás en el camino a la comprensión. La confusión presupone que has atesorado innumerable información, pero que no se halla organizada aún de manera que te permita comprenderla. Por tanto, quiero que pienses en algo sobre lo cual estás confundido: algo con lo cual tienes mucha familiaridad, pero que carece de sentido para ti en este momento...

Bill: OK, estoy pensando en...

Espera. No conviene que reveles el contenido de lo que estás pensando. Sólo necesitas contenido si eres copuchento. Yo soy matemático, y sólo me interesa la forma. Además, es demasiado fácil para el resto enredarse en el contenido. Quiero que aprendan el proceso que estoy demostrando.

Has ubicado algo sobre lo cual estás confundido. Ahora quiero que pienses en algo similar que tú comprendes. Cuando digo similar, aludo a que si tu confusión es sobre la conducta de alguien, que tu "comprensión" verse también sobre la conducta de alguien. Si tu confusión se relaciona con el funcionamiento del motor del auto, que tu comprensión sea algo mecánico, el funcionamiento de tu tostador, por ejemplo.

Bill: He pensado en algo que comprendo.

Ahora tienes dos experiencias internas. Llamamos a una "comprensión" y a la otra "confusión". ¿Ambas poseen imágenes?

Bill: Sí.

Lo que me interesa son las diferencias entre las dos. ¿Cómo es que son diferentes? Por ejemplo, una puede ser una cinta cinematográfica y la otra una diapositiva. O una podría ser en blanco y negro, y la otra en color. Quiero que vayas a tu interior y examines esas dos experiencias y enseguida me señales como son diferentes.

Bill: La confusión es una diapositiva y es pequeña. La comprensión es una cinta cinematográfica y es grande.

¿Hay algunas otras diferencias? Si la imagen de la confusión es más pequeña, probablemente también esté más lejos.

Bill: Sí, está más distante.

¿Alguna de ellas tiene sonido?

Bill: Sí, la comprensión cuenta con una voz que describe lo que veo. La confusión es silenciosa.

¿Cómo sabes que estás confundido sobre una, y que puedes comprender a la otra?

Bill: Siento diferentes sensaciones cuando miro éstas dos imágenes.

OK. ¿cómo saben tus sensaciones qué sentir cuando miras estas dos imágenes?

Bill: Porque supongo que les enseñé.

Quiero que todos noten algo. Hice una pregunta "¿Cómo?", aludiendo al proceso, y él contestó a "¿Por qué?". Por qué contesta a "¿Por qué?". Lo único que obtienen de "Porque" es una cantidad de teoría histórica. Yo sólo adhiero a una teoría: que la razón por la cual a la gente le cuesta tanto manejar sus cerebros es porque la Tierra está inclinada sobre su eje. Por eso en realidad ustedes ahora portan el cerebro de otra persona, y está loco. Eso es todo mi teorizar.

Probemos de nuevo; Bill, ¿cómo sabes que tienes diferentes sentimientos cuando miras a estas dos diferentes imágenes?

Bill: No lo sé...

Me gusta esa respuesta.

Bill: Después que pensé en ello, decidí que no sabía.

Esto sucede a veces. Haz como si supieras. Habla. Lo peor que te puede ocurrir es que te equivoques. Años atrás me di cuenta de que había errado tantas veces que decidí que seguiría adelante y me equivoqué de manera que fuese más interesante.

Bill: Cuando miro la imagen de la comprensión, puedo ver cómo funcionan las cosas. Ello me da una sensación grata de relajación. Cuando miro la otra, no puedo ver que va a suceder después, y me siento un poco tenso.

Ciertamente, esas suenan como experiencias bastante diferentes. ¿Tienen alguna pregunta sobre lo que he estado haciendo?

Hombre: Tú haces que parezca tan fácil. ¿Cómo sabes qué preguntar?

Lo único que me interesa saber es "¿Cómo son diferentes estas dos experiencias?". Las respuestas a ello son diferencias específicas en la experiencia visual, auditiva y sensorial de la persona. Mis preguntas se dirigen a menudo a lo que la persona no está notando, y siempre propenden a que la persona establezca distinciones que no aparecían antes. Por ejemplo, cuando le pregunté a Bill sí era una diapositiva o una película, pudo contestarme con facilidad. Pero probablemente no había advertido la diferencia antes, porque nadie se lo había preguntado.

Mujer: ¿Hay algún orden especial de las preguntas? Le consultaste si era diapositiva o película de cine antes que si era en colores o en blanco y negro.

Hay una cierta eficiencia en preguntar primero sobre cosas y después sobre cualidades; te pierdes menos. Si preguntas "¿Cuán rápido se mueve?", y resulta que es una diapositiva, ello puede confundir un poco a la persona con la cual estás trabajando. Busca primero lo básico, y en seguida interroga sobre distinciones más finas que pudieran existir.

Las preguntas que uno lanza son también función de la familiaridad. He explorado confusión y comprensión algunas veces, de modo que ya sé las clases de diferencias que es probable que encuentre allí. Es como todo lo que uno aprende a hacer. Cuando se ejercita por primera vez, se tropieza un poco. Más tarde, cuando uno ya está más experto, se procede en forma más directa y sistemática. También pueden confeccionar una larga lista de todas las posibilidades, e ir una por una. Pero es más fácil si primero ustedes mencionan unas pocas de las diferencias para lograr que la mente de la persona vaya en la dirección correcta, y en seguida le preguntan "¿Cómo son diferentes las dos?".

Ahora, internémonos en la parte más interesante. Bill, quiero que tomes la "confusión" y la cambies hasta que sea lo mismo que la "comprensión". No deseo que alteres el contenido. Sólo te pido que cambies el proceso que usas para representar el mismo contenido. Primero quiero que tomes la diapositiva y la transformes en una cinta cinematográfica.

Bill: No puedo.

Hazlo de este modo. Primero haz una serie de diapositivas a diferentes tiempos. Cuando poseas suficientes, míralas en una sucesión rápida. Acelera eso un poco y obtendrás una cinta. Una cinta es sólo una secuencia de imágenes quietas que se exhiben en una secuencia rápida.

Bill: OK. Tengo una cinta.

Bien. Ahora agrégale sonido, música incidental que describa la cinta... (Bill asiente).

Ahora agranda y acerca la cinta hasta que tenga el mismo tamaño y distancia que tu imagen de la comprensión... ¿Qué sucede cuando ejecutas eso? ¿Lo comprendes ahora?

Bill: Sí, puedo ver lo que pasa ahora. Me siento mucho mejor. Siento lo mismo con ambas cintas.

Es lógico que si tienes una cinta grande con música incidental, comprendas mejor que si se trata sólo de una imagen quieta y reducida. Puedes reunir mucha más información, y está organizada de manera que puedes comprenderla. Esta es la manera natural de Bill de aprender como comprender algo.

Mujer: ¿No necesitas más información para conjurar la confusión?

A veces sí. Pero con frecuencia la persona ha almacenado la información, sólo que no ha accedido a ella en forma tal que le permita la comprensión. No es que falte algo, sino que lo que se tiene está mal organizado. Todos ustedes saben mucho más que lo que creen que saben. Generalmente no es la poca información lo que crea la confusión, sino un exceso de datos. A menudo la confusión de una persona es un enorme "collage" de datos, o una serie de imágenes que desfilan en rápida sucesión. Por el contrario, las imágenes de la comprensión de la mayoría de las personas son bien organizadas y muy económicas. Como una elegante ecuación matemática o un buen poema. Desfilan un montón de datos hasta una representación muy simple. Mi labor con Bill le permitió recolectar los datos que ya existían, de forma de poder entenderlos. La capacidad de usar su mente significa ser capaz de acceder, organizar y emplear lo que ya tienen.

Muchos de ustedes han visto lo que ocurre cuando un fuego se está apagando en la chimenea. Si se re arreglan un tanto los leños, vuelve a arder. No han agregado nada. Lo único que han hecho es cambiar su organización, pero ello produce una enorme diferencia.

Si piensan que necesitan más información, probablemente formularán muchas preguntas. Si las respuestas sólo contienen datos en bruto, no les ayudarán mucho y deberán seguir preguntando. Mientras más respuestas reciban, menos examinarán las preguntas. Pero si las respuestas contribuyen a organizar los datos que ya han reunido, pueden ayudarles a comprender. Esto es lo que a menudo se llama "aprendizaje pasivo", el de aquél que siempre anda pidiendo que le den la comida en la boca. Otra gente puede recibir una gran cantidad de información, y organizarla ellos mismos sin mucha cooperación exterior. Esto es lo que a menudo se llama "aprendizaje activo".

Ahora, Bill, quiero que lo intentes de la otra manera. Toma lo que originalmente comprendiste y conviértelo en una imagen quieta, más chica y más distante, y borra la música incidental.

Bill: Ahora estoy tenso y confundido.

Así es que ahora podemos coger cualquier cosa sobre la que estás seguro y confundirte. ¡Todos están riendo, y no se imaginan lo útil que puede ser! ¿No conocen a alguien que está seguro de comprender algo y realmente no lo comprende?... ¿Y que esa falsa confianza los meta en serios problemas? Una buena dosis de confusión podría motivarlos a escuchar a la gente a su alrededor y recoger alguna información muy valiosa. La confusión y la comprensión son experiencias internas. No guardan necesariamente relación con el mundo exterior. De hecho, si observan el entorno, por lo general no hay mucha conexión.

A fin de que Bill adquiera la experiencia que él llama "comprender", tiene que pasar por un proceso en el cual su información se representa como una gran película con música incidental. Esto sucede a veces al azar, y en otras oportunidades alguien puede inducirlo. Sin embargo, ahora que él sabe como funciona, puede deliberadamente realizar el proceso cada vez que se halle confundido por algo. Si no maneja suficiente información, puede que no alcance a comprender totalmente; su película contendrá escenas en blanco o el sonido desaparecerá de vez en cuando. Pero para él será la mejor representación de lo que sabe. Estos baches en la película le indicarán precisamente donde requiere de más información. Y toda vez que se aburra con lo que ya comprende demasiado bien, puede confundirse a sí mismo como un preludio a la obtención de una nueva y diferente comprensión.

Ahora quisiera que todos ustedes se turnaran para practicar esto mismo. Júntense con alguien a quien no conozcan, porque eso lo facilitará.

1) Pídanle a su compañero que piense en a) algo sobre lo cual está confundido, y b) algo similar que comprenda. No se permite que el compañero señale el contenido.

2) Pregúntenle "¿Cómo son diferentes estas dos experiencias?" No les importe en qué se parecen, sino sólo cómo es diferente una de la otra.

3) Cuando pesquisen al menos dos diferencias, pídanle a su compañero que cambie la confusión para que sea igual a la comprensión.

4) Prueben lo que han hecho preguntando si él comprende lo que previamente era confuso. Si comprende, están listos. Si no, vuelvan al paso 2) y encuentren más diferencias. Insistan hasta que él comprenda, o haya intensificado que falta específica de información le creará la comprensión total. Recuerden que nadie comprende totalmente nada. Eso está bien, permite que la vida resulte interesante. Empleen alrededor de 20 minutos cada uno...

La mayoría de ustedes deben haber notado probablemente que su compañero hizo dentro de sí algo diferente a lo que ustedes hacen en relación a las palabras "comprensión" y "confusión". Oigamos primero algunas de las diferencias que surgieron y después contestaré sus preguntas.

Hombre: Mi confusión es como un aparato de televisión al cual se le ha desajustado el control vertical, las imágenes se suceden tan rápido que no puedo verlas. Cuando lo desaceleré y ajusté todo cobro sentido, pero para mi compañera, la confusión era un panorama cercano. Tanto sucedía tan cerca a su alrededor que no podía captar mucho. Tuvo que desacelerarse, y en seguida retroceder físicamente y mirarlo a la distancia para comprenderlo.

Hombre: Mi compañero es un científico. Cuando está confundido, él ve películas de cosas que suceden, lo que llama datos "en bruto", cuando comienza a comprender, ve pequeños diagramas que se superponen en las películas. Estos diagramas lo ayudan hasta condensar los hechos, y las películas se acortan y acortan hasta que obtiene lo que él llama "una imagen quieta que se mueve". Es una imagen quieta con un diagrama superpuesto, que indica todas las diferentes maneras como esa imagen quieta puede convertirse en una cinta cinematográfica. Esa imagen quieta como que se retuerce un poco. Es muy económico.

Eso es bueno. ¿El resto de ustedes lo entiende? Ya existe aquí bastante variedad.

Mujer: Cuando realmente comprendo algo poseo cinco imágenes claras y diferentes a la vez, como una televisión dividida. Cuando estoy confundida sólo tengo una imagen, y es borrosa. Pero cuando mi compañera comprende algo está siempre aquí a su derecha. Las cosas que la confunden están en el centro, y a su izquierda las cosas sobre las cuales no sabe nada.

Alan: Lo que mi compañera hizo me pareció muy poco común. Su confusión era muy focalizada y específica, y su comprensión era una cinta brillante, borrosa y fuera de foco. Cuando ella volvía borrosa la confusión, sentía como si comprendiera. Yo le dije: "Gira la perilla, ajusta los lentes para dejarlo desenfocado".

Puedes hacerlo así, pero no seas tan metafórico. La gente no tiene perillas, diles que lo hagan no más. Así es que al ponerla borrosa, comprendió. ¡Tan sólo espero que no sea cirujano del corazón! Esta es una de las cosas más extrañas que he oído. Si borronea la imagen,

¡entonces la comprende! Ciertamente es diferente a los otros procesos que observamos acá. ¿Le pareció curioso a ella también?

Alan: Sí. ¿Podría ser que lo trasladara a un proceso inconsciente de menor nivel en el que ella confíe?

No, no acepto ese tipo de explicaciones. Todos estos procesos son inconscientes hasta que alguien les consulta por ellos. Hay muchas cosas que hacemos instintivamente, pero esto es diferente. Por supuesto, puedes no haber captado algo importante. Pero suponiendo que tu descripción sea correcta, su compresión no puede estar conectada con hacer algo. A fin de hacer algo uno requiere detalles específicos. Es por eso que eché ese chiste sobre que esperaba que no fuese cirujano cardíaco. Con esa clase de comprensión, sus pacientes no tendrían una tasa muy alta de supervivencia.

Sin embargo, una comprensión brillante y borrosa servirá para algunas cosas. Por ejemplo, ella es probablemente una persona muy divertida en una fiesta. Será muy sensitiva hacia los demás, porque todo lo que necesita para sentir que comprende lo que alguien dice es nublar sus imágenes. No se requiere mucha información para ser capaz de elaborar una cinta brillante y borrosa. Lo puede lograr muy rápidamente y enseguida sentir muchas cosas observando la cinta.

Imagínense la historia de esa mujer si se casara con alguien que para comprender necesitará las cosas claras como un cristal. El diría frases como "Ahora enfoquemos bien esto", y ella se confundiría. Cuando ella describiera cosas comprensibles, no resultarían claras para él. Si se quejara de que lo que ella dice es nebuloso, ella sonreiría perfectamente satisfecha, pero él se frustraría.

La comprensión de ella es del tipo del que hablaba antes: no tiene mucho que ver con el mundo exterior. Le ayuda a sentirse mejor, pero no le servirá demasiado para enfrentar problemas reales. Sería verdaderamente útil para ella alcanzar otra forma de comprensión, una más precisa y específica.

Al último seminario que dicté asistió un hombre cuya "comprensión" no le era muy servicial. En consecuencia, probó el proceso de comprensión de su compañero. Esto le dio una forma nueva de comprender, que le abrió un mundo totalmente nuevo.

Lo que quiero es que se percaten de que todos ustedes se hallan en la misma situación de ese hombre y de la mujer que borronea imágenes; siempre habrá tiempos y lugares donde otro proceso se revelará más conveniente. Hace un rato alguien nos contó el proceso que usaba un científico: cuadriles económicos con diagramas. Esto funcionará maravillosamente bien para el mundo físico, pero me atrevo a predecir que esa persona comprende con dificultad a la gente, un problema que es común entre los científicos.

(Hombre: Es verdad). La gente es demasiado compleja para un pequeño diagrama como ese.

Otro estilo de comprensión funcionará mejor con la gente. Mientras más modos de comprensión, más posibilidades se abren para ustedes y más se expanden sus habilidades.

Me gustaría que probaran la experiencia de asumir la comprensión de otra persona. Júntense con la misma pareja de antes; ustedes ya conocen algo sobre la confusión y la comprensión de esa persona, así como también de la propia. Sin embargo, necesitan recolectar un poco más de información. Ustedes ya encontraron y anotaron las diferencias entre su confusión y su comprensión, como así también las de su compañero. Tendrán ya una gran cantidad de información, aunque probablemente se nos han escapado algunos elementos.

Después que posean toda la información sobre la diferencia entre la comprensión y la confusión de su compañero, elijan cualquier contenido que comprendan, y primero conviértanlo en la confusión de su compañero. En seguida efectúen los cambios necesarios para convertirlo en la comprensión del compañero. Él puede ayudarlos, darles instrucciones y oficiar de consejero contestando cualquier pregunta de ustedes. Después que hayan probado la comprensión del otro, comparen su experiencia con la de su compañero para ver si son iguales. Puede que se les escape algo la primera vez y haya que volver atrás. La meta es que ustedes experimenten la manera de comprender de otra persona. Después que lo hayan hecho, pueden decidir que no es un buen sistema y que no conviene usarlo muy a menudo. Pero no estén demasiado seguros de ello; puede funcionar exquisitamente bien con algo con lo cual surgen problemas. Al menos los ayudará a comprender a ciertas preguntas que utilizan ese proceso. Tomen unos veinte minutos cada uno...

¿Fue interesante? ¿Qué sintieron cuando se valieron de la comprensión de otra persona?

Hombre: Mi propia comprensión es muy detallada, de modo que capto las cosas mecánicas con facilidad. La comprensión de mi compañera es mucho más abstracta: ve arcoíris cuando comprende algo. Cuando probé su estilo no podía comprender en absoluto cosas mecánicas, pero tenía la sensación de comprender mucho mejor a la gente. De hecho, creo que no lo llamaría "comprensión", sino sentir lo que ellos querían expresar y ser capaz de responderles fácilmente. Los colores eran magníficos, y me sentí tibio y excitado al mismo tiempo. ¡Ciertamente fue diferente!

Mujer: Cuando entiendo algo, veo películas detalladas. En cambio, mi compañero ve dos imágenes enmarcadas que se sobreponen. La imagen más cercana está asociada al hecho, y la segunda es una imagen disociada del mismo hecho. El siente que comprende cuando ambas imágenes calzan. Mi compañero es actor, y me di cuenta de cuan valioso debe ser para él. Mientras actúa está asociado, y también tiene la imagen disociada que le muestra lo que la audiencia ve al mismo tiempo. Al imitar su comprensión, logré mucha más información de sobre como me aprecian los demás. Eso me es servicial, porque generalmente me meto en situaciones sin pensar en como me ven los demás.

Eso suena muy útil. Apropiarse de la manera de comprender de otro es la llave maestra para entrar al mundo de esa persona. ¿Cuántos de ustedes tenían ya mas o menos la misma manera de comprender que su compañero?... Mas o menos 8 de entre 60. Aquí ustedes eligieron al otro al azar. Es incluso más fascinante si eligen a gente muy exitosa. Yo soy pragmático, me gusta descubrir como consigue las cosas la gente realmente excepcional. Un hombre de negocios muy exitoso de Oregon hacía lo siguiente con cualquier proyecto que se proponía comprender: partía con una diapositiva y la expandía a una pantalla panorámica con él en su interior. En seguida la convertía en una cinta. En cualquier punto que tuviera problemas para detectar lo que pasaba en la película, retrocedía un poquito y se veía a sí mismo. Cuando la cinta se movía suavemente, volvía a meterse en ella. Este es un ejemplo de una comprensión práctica, íntimamente relacionada con hacer algo. Para él, comprender algo y ser capaz de ejecutarlo son sinónimos.

La comprensión es un proceso vital para sobrevivir y para aprender. Si fallaran de alguna manera al captar el sentido de su experiencia, estarían en un buen lío. Cada uno de nosotros cuenta más o menos con kilo y medio de materia gris para intentar comprender el mundo. Ese kilo y medio de gelatina puede generar cosas verdaderamente sorprendentes, pero no existe la forma de comprender nada a fondo. Cuando ustedes piensan que comprenden algo, eso es siempre una definición de lo que ignoran. Karl Popper lo puntualizó muy bien: "El conocimiento es una afirmación sofisticada de la ignorancia". Hay varias clases de comprensión, y unas son mucho más benéficas que otras.

Un tipo de comprensión les permite justificar cosas, y les da razones para imposibilitarlos de efectuar algo en forma distinta. "Las cosas son así porque... y es por esto que no podemos cambiar nada". Donde yo crecí, denominábamos a eso una "excusa ridícula". La comprensión de un escuadrón de expertos sobre materias como la esquizofrenia y las dificultades de aprendizaje es así. Suena muy impresionante, pero básicamente se reduce a un conjunto de palabras que sentencian "No se puede solucionar nada". Personalmente no me interesan las "comprensiones" que conducen a un callejón sin salida, incluso sin son verdaderas. Prefiero dejar el camino expedito.

Un segundo tipo de comprensión simplemente les ayuda a sentirse bien: "Ahhhh". Esa mujer que desenfoca las imágenes para comprenderos un ejemplo de esto. Lo mismo que salivar al oír una campana, es una respuesta condicionada, y todo lo que ganan es sentirse bien. Esa es la variedad de cosas que arrastra a decir: "Oh, sí, el 'ego' es ese que está arriba del carro. Lo he divisado antes, sí, comprendo". Este tipo de comprensión tampoco les enseña a ser capaces de hacer algo.

Un tercer tipo de comprensión los autoriza a hablar con conceptos que suenan importantes, y a veces incluso con ecuaciones. ¿Cuántos de ustedes han tenido la "comprensión" de alguna conducta propia que les molesta, pero esa comprensión no les ha ayudado a comportarse en forma diferente? He aquí un ejemplo de lo que estoy hablando. Los conceptos pueden ser útiles, pero sólo si entrañan una base experiencial, y sólo si les permiten producir algo diferente.

A menudo pueden lograr que alguien acepte conscientemente una idea, pero rara vez ello significará un cambio en su conducta. Si hay algo que ha sido probado más allá de toda duda por la mayoría de Las religiones es eso. Tomen, por ejemplo, "No matarás". No agrega "excepto..." Sin embargo, los cruzados les cortaban la cabeza a los musulmanes y la Mayoría Moral quisiera más misiles para borrar del mapa a unos cuantos millones de soviéticos.

En los seminarios la gente suele preguntar: "¿Una persona visual es lo mismo que el 'padre' en el análisis transaccional?". Ello me indica que han cogido lo que enseño y con ello rellenan los conceptos que ya traían.

Si logran que algo nuevo calce con lo que ya saben, no aprenderán nada, y nada influirá en su conducta. Sólo sentirán una grata sensación de comprender, una complacencia que les impedirá aprender algo nuevo.

A menudo demuestro cómo cambiar a una persona en minutos, y alguien apunta "¿No cree usted que sólo estaba cumpliendo con las expectativas de la situación?". Esa es la gente que acude a seminarios y no obtiene nada por su dinero, porque se retiran con exactamente la misma comprensión con que llegaron.

La única clase de comprensión que me interesa es la que permite hacer cosas. Todos nuestros seminarios enseñan técnicas específicas que los facultan para hacer cosas. Esto parece sencillo. Pero a veces lo que trasmito no calza con la comprensión que ustedes poseen. A lo más sano que pueden aspirar entonces es a confundirse, y mucha gente se queja de cuan confuso soy yo. No perciben que la confusión es el umbral de una nueva comprensión. La confusión es una oportunidad para reordenar la experiencia y organizarla en forma diferente a lo que normalmente harían. Esto les permite aprender a crear algo nuevo y a ver y oír el mundo de distinta manera. Felizmente, el último ejercicio les dio una experiencia concreta de cómo funciona y del tipo de impacto que puede suscitar. Si comprendieron todo lo que planteé, y nunca se confundieron, sería un índice seguro de que no aprendieron nada de importancia, y de que desperdiciaron su dinero. Esto implica que continúan comprendiendo el mundo de la misma forma que cuando arribaron. Así, cada vez, que se sientan confundidos, pueden alegrarse por la nueva comprensión que les aguarda. Y siéntanse agradecidos por esta oportunidad de viajar a un lugar nuevo, incluso si no saben aún dónde queda. Si no les gusta donde lleva, siempre podrán replegarse. Al menos se enriquecerán con lo que observen y por saber que los defraudó.

La comprensión de algunas personas incluye la incertidumbre. Conozco a un ingeniero cuya comprensión se compone de una matriz rectangular de imágenes, con unas 8 columnas y 8 líneas. Piensa que comprende algo cuando la matriz está medio llena de imágenes. Cuando llena el90%, sabe que comprende algo bastante bien. Sin embargo, su matriz siempre presenta huecos, lo que significa que su comprensión es siempre incompleta. Esto le sirve para que nunca se halle demasiado seguro.

La comprensión de una de mis alumnas más brillantes es una cinta cinematográfica disociada de sí misma, en la que se ve efectuando cualquier cosa que ella comprende. Cuando realmente quiere hacerlo, se mete en la película: *hacer y comprender son casi idénticos.* Tras esa cinta hay una sucesión de cintas de ella misma haciéndolo en diferentes situaciones, mientras se sobrepone a las dificultades, etc. Mientras más cintas diferentes, más segura está de comprender algo realmente bien. Una vez le consulté "¿Cuántas películas necesitas para comprender algo?". Me contestó "Es cuestión de cuan bien lo comprendo. Si hay pocas cintas, comprendo un poco. Mientras más cintas diferentes, mejor lo comprendo. Pero nunca comprendo completamente".

Por el contrario, hay gente que está segura de que comprende como hacer algo si tiene una sola cinta. Conozco a uno que piloteó un avión una vez y que estaba seguro de que podía pilotear cualquier avión, en cualquier lugar, en cualquier momento, con cualquier clima, ¡mientras reposaba en una hamaca! Vino a un seminario mío de 5 días, aprendió un patrón y se fue al promediar el primer día, totalmente convencido de que conocía toda la PNL. ¿Qué les parece eso en cuanto a quedarse atascado en algo?

Quedarse atascado en una manera particular de comprender el mundo -cualquiera que ella sea- es la causa de tres de las principales enfermedades humanas sobre las cuales me gustaría influir. La primera es la seriedad, como en "mortalmente serio". Está bien que decidas actuar, pero ponerse mortalmente serio al respecto sólo te cegará y se te cruzará en el camino.

Tener la razón, o estar seguro, es la segunda enfermedad. La certidumbre provoca que la gente deje de pensar y de darse cuenta. Toda vez que se sientan absolutamente seguros, es un signo infalible de que no han captado algo. A veces conviene ignorar algo en forma deliberada por algún tiempo, pero si están absolutamente seguros me temo que lo perderán para siempre.

Es fácil que la certidumbre se apodere de ustedes. Incluso la gente que no está segura, generalmente está segura de no estarlo. O están seguros de su seguridad, o están seguros de su inseguridad. Rara vez se encuentra a alguien que no esté seguro de su duda o no esté seguro de su certeza.

Ustedes pueden crear esa experiencia, pero generalmente no se topan con ella. Le pueden preguntar a alguien "¿Está usted lo suficientemente seguro de estar inseguro?" Es una pregunta estúpida, pero no estará seguro nunca más después que se la planteen.

La tercera enfermedad es la importancia, y la auto-importancia, es la peor de todas. Tan pronto algo se torna "importante", otras cosas dejan de serlo. La importancia es una buena manera de justificar el ser mezquino y destructivo, o de hacer cualquier otra cosa que sea lo suficientemente desagradable para requerir de justificación.

Estas tres enfermedades son la forma como la mayoría de la gente se queda atascada. Ustedes pueden resolver que algo es importante, pero no pueden ponerse realmente serios sobre ello a menos que estén seguros de que es importante. En ese momento, se cesa incluso de pensar. El Ayatola Khomeini es un excelente ejemplo, y podrán pesquisar muchos otros aquí mismo, en casa.

Una vez me detuve frente a un almacén en un pueblito donde vivía. Un tipo llegó corriendo y muy enojado: "Mi amigo dice que usted me mandó a la punta del cerro". "No lo creo. ¿Quiere usted, que lo mande?" "Déjeme decirle algo"...

"Esperé un momento", y entré al almacén a comprar.

Luego salí, ¡y aún seguía allí! Cuando me dirigí a mi auto, el jadeaba de rabia. Tomé un paquete de mercadería y se lo pasé, ¡y lo recibió! Abrí la puerta del auto, puse los otros tres paquetes en su interior, tomé el que él sostenía, me subí al auto y cerré la puerta. En seguida le dije "De acuerdo, si usted insiste, váyase a la punta del cerro", y partí. Mientras me alejaba le oí reír histéricamente, porque no lo tomé en serio.

Para la mayoría de las personas, "quedarse atascado" es anhelar algo y no obtenerlo. Muy pocas personas pueden detenerse en este punto y cuestionar su certeza de que eso es realmente tan valioso para ellos. Sin embargo, hay otra clase de "quedarse pegado" que nadie advierte: No querer algo y no tenerlo. Esta es la mayor de todas las limitaciones, pues ni siquiera sospechan que están atascados. Me gustaría que pensaran en algo que ahora saben que es muy útil o placentero...

Ahora retrocedan a un momento anterior en su vida, cuando ni siquiera sabían de ello, o sabían sobre ello, pero no significaba nada para ustedes... Ignoraban realmente lo que se estaban perdiendo, ¿verdad? No tenían idea entonces de cuan atascados se hallaban, y les faltaba motivación para cambiarlo. Juraban que su comprensión era una representación precisa y adecuada del mundo. Ahí es donde se está realmente atascado. ¿Qué se están perdiendo ahora?

Probablemente, la certeza bloquea el progreso humano más que cualquier otro estado mental. Sin embargo, la certeza, como todas las cosas, es una experiencia subjetiva que ustedes pueden cambiar. Elijan un recuerdo bastante detallado en el cual estaban completamente seguros de que comprendían algo. Estaban en una experiencia de aprendizaje, tal vez alguien les enseñaba algo. Tal vez era difícil, o fácil, pero en algún momento ustedes sintieron esa sensación de "Ah, sí, ya entiendo..." recuérdenlo tan en detalle como deseen...

Ahora quisiera que lo recuerden de atrás para adelante, tal como cuando uno pasa una cinta cinematográfica hacia atrás...

Cuando lo hayan hecho, piensen en lo que aprendieron o comprendieron. ¿Es lo mismo que minutos atrás?

Marty: Cuando pasé la película hacia adelante, fui de un estado de confusión al "Aja, comprendo". Y cuando la pasé hacia atrás, terminé en un lugar donde estaba confundido.

Sí, eso es pasarla para atrás. ¿Cuál es tu experiencia ahora, cuando piensas sobre algo que estabas seguro de comprender momentos atrás?

Marty: Bien, estoy nuevamente en el estado de Confusión, y sin embargo una parte de mí sabe que todavía poseo la confusión total que sentí la primera vez. Pero no estoy tan seguro.

¿Qué pasó con los demás? ¿Lo mismo?

Ben: Bueno, yo aprendí algo nuevo que no sé si sabía antes sobre lo que pasó conmigo en la experiencia.

Eso es interesante, pero no corresponde a lo que pregunté. Quiero enterarme de si su experiencia de lo que aprendieron es diferente.

Ben: No, no hay diferencia.

¿Ninguna diferencia? Debes detenerte a pensarlo. No puedes exclamar sin más "Oh, es lo mismo". Eso equivale a decir "Traté de aprender volar, pero no pude subirme al avión, así es que no prosperó".

Ben: Es curioso que mencionaras un avión, porque lo que recordé es el aprender la sensación de amarizar, de ese contacto con el agua, cuando retrocedí perdí esa sensación, y al hacer que el avión se moviera hacia atrás tuve que mirarlo desde una cierta distancia. Y ello agregó una nueva dimensión al aprendizaje de tocar el agua.

Te dio otra perspectiva. ¿Ahora conoces algo más que antes respecto a amarizar un avión?

Ben: Sí.

¿Qué otra cosa ignoras aún? Eso es haber obtenido bastante de tan sólo pasar una película hacia atrás. Muchas personas vuelven a pasar las películas hacia adelante como una forma de aprender de la experiencia, pero pocos la pasan hacia atrás. ¿Y qué hay con los demás? ¿Experimentaron lo mismo?

Sally: No. Los detalles cambiaron. Cambió aquello a lo que le prestó atención. Hay una secuencia de cosas ordenadas en forma diferente.

La secuencia está ordenada en forma diferente. ¿Ahora es diferente lo que aprendiste?

Sally: Sí.

¿Cómo es diferente? ¿Sabes algo que desconocías antes? ¿O podrías efectuar algo diferente ahora?

Sally: El cuerpo de conocimientos no difiere. Lo que aprendí no es diferente, pero sí el como lo siento, y como lo miro.

¿Influiría eso en tu conducta?

Sally: Sí.

Muchos de ustedes obtuvieron mucho de tan sólo dedicar un minuto a pasar una experiencia hacia atrás. ¿Cuánto podrían aprender si practicaran lo mismo con todas sus experiencias? Vean ustedes, Sally tiene absoluta razón. El paso de una cinta hacia atrás cambia la secuencia de la experiencia. Piensen en dos experiencias: 1) ser capaz de hacer algo, y 2) ser incapaz de hacer la misma cosa. Primero ordénenlas 1-2, primero pueden y después no pueden hacer algo... Ahora ordénenlas 2-1, primero no pueden y enseguida pueden hacer algo...Las dos son bastante diferentes, ¿verdad?

Las experiencias de sus vidas les sucedieron en un cierto orden. La mayor parte de esa secuencia no la planificaron, sólo sucedió. Gran cantidad de su comprensión se basa en esa secuencia que estableció al azar. Puesto que sólo hay una secuencia, sólo hay un conjunto de comprensiones, y eso los limitará. Si los mismos hechos les hubieran ocurrido en un orden diferente, sus comprensiones resultarían muy distintas y responderían en forma muy diferente.

Ustedes cuentan con una historia personal completa, que es el tesoro que van a usar para ir al futuro. El como lo usen determinará lo que va a producir. Si sólo lo emplean de un modo, estarán muy limitados. Habrá una serie de cosas que no notarán, lugares a los que nunca viajarán e ideas que nunca concebirán.

Las proyecciones de una experiencia hacia adelante y hacia atrás son apenas dos de las infinitas maneras como se puede ordenar secuencialmente una experiencia. Si dividen una película en cuatro partes, experimentarán otras 22 secuencias. Si la dividen en más partes, el número de secuencias aumentará. Cada secuencia entregará un significado diferente, tal como diferentes secuencias de letras crean diferentes palabras, y diferentes secuencias de palabras crean diferentes significados. Muchas de las técnicas de PNL son simplemente formas de cambiar la secuencia de las experiencias...si hubieran dicho "Hombre, ¡realmente esto funciona! ¿Qué otra cosa funcionará? ¿Qué otra cosa hay que emprender? ¿Qué otras Cosas hay para mover cosas, además de quemar una cuestión y vomitarla por la punta de algo? ¿Qué otras maneras hay para mover cosas, aparte de rodar en cajas metálicas y volar en tubos de metal?". Mientras más éxito, más seguros se volverán, y es menos probable que se detengan y reflexionen "¿Qué es lo que no estoy ejecutando?". Las técnicas que les he enseñado funcionan, pero los invito a que busquen qué otra cosa podría funcionar incluso mejor.

Me gustaría instalar en ustedes lo que creo que es uno de los pasos más importantes en la evolución de su conciencia: Desconfiar del éxito. Toda vez que se sientan seguros de algo y que logren éxito en una misma tarea varias veces, quiero que se pongan suspicaces respecto a lo que no están notando. Cuando hallan algo que resulta, eso no implica que otras cosas no resultarían también, o que no hay otras posibilidades interesantes en carpeta.

Años atrás algunas personas imaginaron que se podía extraer un líquido negro y viscoso del suelo, y hacerlo arder en lámparas. En seguida imaginaron como quemarlo en una caja grande de acero y obligarlo a rodar por todas partes. Incluso es posible que arda en la punta de un tubo y mandar el tubo a la luna. Pero eso no quita que no haya otras maneras de realizar lo mismo. En unos cien años más la gente va a observar nuestra economía de "alta tecnología", y moverá sus cabezas al igual que nosotros cuando evocamos las carretas.

Las innovaciones verdaderas habrían resultado fáciles al principio. Podrían haber descubierto cosas más sorprendentes. ¿Qué habría pasado?

## VII. Más allá de la Creencia

Otra forma de pensar acerca de la conducta, es que se organiza alrededor de cosas muy duraderas que se denominan "creencias". Cada vez que alguien opina que es importante o no hacer algo, se basa sin "creencia" sobre ello. Podría pensarse que toda la conducta es movilizada por nuestras creencias. Por ejemplo, ustedes no estarían interiorizándose sobre la PNL si no "creyeran" que es algo interesante, o útil, o de alguna manera valiosa. Los padres no gastarían un montón de tiempo con sus niños pequeños si no creyeran que eso es bueno. Antiguamente los padres solían impedir que los niños recibieran demasiada estimulación, porque creían que eso los volvería hiperkinéticos; ahora los estimulan muchísimo, porque creen que ello contribuirá a su desarrollo intelectual.

Las creencias son cosas realmente fenomenales. Pueden impulsar a gente muy sensata a matar a otros seres humanos por una idea, e incluso a sentirse bien al asesinarlos. En cuanto logran que una conducta calce dentro del sistema de creencias de una persona, pueden arrastrarla a cualquier cosa, o impedirle cualquier cosa. Eso es lo que hice con el padre que no quería que su hija se prostituyese. Tan pronto como le señalé que su conducta represiva era exactamente la forma en que los cachifes tratan a las putas, no podía ya proseguir sin violar sus propias normas. No lo obligué a detenerse "contra su voluntad" sea lo que sea que eso signifique. Logré que el cambio calzara con su sistema de creencias tan completamente que ya no podía intentar otra cosa.

Al mismo tiempo, las creencias evolucionan. Uno no nace con ellas. Todos ustedes cuando niños creían cosas que ahora consideran absurdas y obsoletas. Y hay otras cosas en las que creen ahora en las que antes ni pensaban siquiera... asistir a este taller, por ejemplo.

El vocablo "creencia" para la mayoría de las personas es incluso cuando alegremente en su nombre saldrían a degollar. Me gustaría demostrarles de que están compuestas las creencias, y en seguida mostrarles una manera de modificación. Me gustaría que viniera adelante alguien que tenga una creencia sobre sí mismo que preferiría que fuese diferente a lo que es. Quiero que seleccione una creencia que de algún modo lo limita. Generalmente, es más fácil cambiar las creencias sobre uno mismo que cambiar las creencias sobre el mundo. Así es que elijan una que haría una real diferencia para ustedes si se transformara.

Lou: Yo tengo una.

¡Cómo si los demás no tuvieran otras! No me cuentes qué creencia es. Sólo quiero que te concentres en esa creencia que preferirías no existiera... Ahora deja de lado esa experiencia por un momento y piensa en algo en lo que dudes. Podría ser verdad o podría no serlo; algo sobre lo cual realmente no estás segura...

En seguida deseo que puntualices como difieren esas dos experiencias de creencia y duda. Quiero que hagas lo mismo que antes realizamos con Bill, y su comprensión y confusión.

Lou: Bien, mi creencia es una imagen grande. Es brillante, nítida y muy detallada. La duda es mucho más pequeña. Más tenue y borrosa, y como que relampaguea.

OK. Estas son diferencias claras. He advertido que la creencia esta directo frente a ti, y la duda está a tu derecha. ¿Hay otras diferencias que les distingan entre sí?

Lou: Bien, la creencia casi llena un marco grande y deja poco lugar para el fondo. La duda posee mucho fondo y no hay marco.

El paso siguiente es coger esta lista de diferencias y probarlas una por una, a fin de detectar cuál de ellas es más poderosa para tornar creencia en duda. Por ejemplo, Lou, haz lo siguiente: toma la imagen la creencia y procura tornarla más pequeña...

| *Creencia* grande | *Duda* pequeña |
|---|---|
| brillante y nítida | oscura y parda |
| detallada | borrosa destellante |
| estable enfrente | arriba a la derecha |
| enmarcada | sin marco mucho fondo |
| poco fondo | |

Lou: Eso la hace parecer un poco menos real, pero no la altera mucho.

OK. Vuélvela a su tamaño original, y en seguida trata de sacarle el marco, de modo que puedas observar más de fondo alrededor de ella...

Lou: Cuando hago eso, la imagen automáticamente se achica y menos impresionante.

OK. De modo que el marco acarrea consigo el tamaño y causa más impacto que el tamaño solo. Vuélvelo a como era originalmente, y enseguida cambia el foco de esa imagen de la creencia para que se torne borrosa...

Lou: Cuando la oscurezco, comienza a destellar un poco, al estilo de la duda.

De modo que al cambiar el brillo también altera el destellar. Cámbialo de nuevo a como era antes y enseguida toma la imagen de la referencia y cambia su posición. Muévela desde el centro de tu campo visual hacia tu derecha...

Lou: Eso me resulta curioso. Me siento como flotando y mi corazón se acelera. Cuando comienzo a cambiar la posición, todo cambia también. Se vuelve más chica, oscura y desenfocada; el marco se desvanece y comienza a dar destellos.

OK. Mueve esa imagen hasta que esté justo frente tuyo. Según tu descripción la ubicación de la imagen cambia todos los demás elementos, de modo que en este caso es la submodalidad más poderosa para cambiar algo de constituir una creencia en una duda. Pero antes que operemos, necesitamos que algo mas esté en su lugar. Lou, ¿sabes qué creencia te agradaría colocar en reemplazo de la creencia que tienes en la actualidad?

Lou: Bueno, jamás he pensado en eso en forma tan detallada.

Pues comienza a pensarlo ahora, y asegúrate de que piensas en ello con términos positivos, no en términos de negaciones. Piensa en lo que prefieres creer, no en lo que no quieres creer.

También deseo que embarques esa creencia no en términos de una finalidad o meta, sino en términos de un proceso o una habilidad que conduciría a que alcances la meta que deseas. Por ejemplo, si te gustaría saber que sabes PNL, cámbialo de modo que puedas prestar atención y aprender y responder a la retroalimentación.

Lou: Ya sé lo que me complacería creer.

Esta nueva creencia ¿aparece formulada en términos positivos, sin negaciones y guarda relación con un proceso que desemboca en una meta, que en la meta misma? ¿verdad?

Lou: Sí.

Bien, ahora quiero que practiques lo que llamamos el chequeo ecológico. Quiero que consagres un poco de tiempo a imaginarte como serías diferentemente si ya dispusieras de esta nueva creencia, y piensa en todas las situaciones en que este cambio te pudiera acarrear algún problema, o la gente cercana a ti, o a la gente con la cual trabajas...

Lou: No veo cómo podría constituir un problema.

Bien, llamaremos a esto la "nueva creencia". Déjala de lado por un momento.

Ahora quiero que tomes la imagen grande de la creencia que no te complace, y la muevas hasta donde está tu duda. A medida que hagas eso, la imagen perderá su marco y se oscurecerá, se achicará, se tornará más borrosa y comenzará a destellar...

Lou: OK. La nueva creencia está ahora destellando.

Ahora coge la imagen de la nueva creencia y llévala al centro de tu campo visual. A medida que lo hagas, nota como se le forma un marco y se agranda, se vuelve más brillante, más precisa y más vivida.

Lou: ¡Es increíble! Está justo allí donde estaba la antigua creencia. Siento como si todo mi cuerpo hubiera salido recién de un encierro, y puedo sentir que mis mejillas se sonrojan.

Así es. Y hay una serie de otros cambios anexos agradables. Puedes demorarte un minuto o dos para permitir que estos cambios se instalen, mientras yo respondo algunas preguntas.

Hombre: ¿Por qué no puedes tomar la imagen de la creencia deseada y convertirla en una creencia, del mismo modo que convertiste la confusión en comprensión?

Cuando cambiamos la confusión en comprensión, no había ahí otra comprensión ya entronizada. Incluso puedes tener varias comprensiones del mismo contenido sin que necesariamente entren en conflicto unas con otras. Una creencia tiende a resultar mucho más universal y categórica que una comprensión. Cuando tú sostienes una creencia no hay lugar para una nueva, excepto que debilites primero la antigua. Típicamente, la nueva creencia es opuesta a la antigua, o al menos en alguna forma muy diferente ¿Han intentado alguna vez convencer a alguien de algo que es lo opuesto a aquello en que él cree? Por lo general, la creencia existente impedirá considerar siquiera la nueva creencia. Mientras más fuerte es su creencia, más verdadero resultaría esto.

Piensen en ello de esta manera. Digamos que una persona cree que "X es bueno", y ustedes logran instalar la nueva creencia que sostiene que "X es malo" sin cambiar la creencia anterior. ¿Qué creerán entonces? ¿Qué puede suceder si alguien confía fervientemente en dos ideas opuestas?... Una elegante manera de resolver esta situación es convirtiéndose en una personalidad múltiple. Una creencia organiza a la persona de un modo determinado por algún tiempo; en seguida, la otra creencia asume y organiza a la persona de un modo muy diferente. Sin embargo, esto no es lo que considero un cambio evolutivo.

Mujer: Quisiera preguntar sobre la sensación de estar flotando Lou sintió cuando al principio trataste de cambiar la posición de la imagen de su creencia.

Bueno, ese tipo de respuesta me indica dos cosas. Primero, que he descubierto un cambio de submodalidad que realmente hace diferencia profunda en su experiencia. Segundo, que ella no tiene aún una nueva creencia para situar en su lugar y reemplazarla. ¿Han tenido alguna vez, la experiencia de que se les desmorona una creencia antigua, y de que carecen de una nueva creencia para sustituirla? Algunas personas derivan desde una nueva creencia para sustituirla. Algunas personas navegan a la deriva, ofuscadas durante días, antes que logren reorganizarse. Esto le pasa a menudo a personas cuando pierden su empleo, o se les muere un amigo o pariente. Una vez conversé con un hombre cuyo profesor de filosofía le destrozó una creencia muy importante para él. Me relató que dejó los estudios por más de seis meses y anduvo en medio de la neblina. Yo quiero acomodar una nueva creencia "en la sala de espera" antes de debilitar una creencia antigua.
Ahora volvamos a Lou y probémosla un poco. Lou, ¿está aún ahí la nueva creencia?

Lou: (Mira derecho frente así y desenfoca los ojos) Sí. Continuamente chequeo para asegurarme. Me ha costado convencerme de que pueda ser tan fácil.

¿Qué pasa si piensas en tu antigua creencia?

Lou: (Mira a su izquierda, y en seguida sonríe). Parece haberse secado ahora.

Ciertamente no está donde solía estar. Esta es otra forma de chequear lo que he realizado, y por supuesto que presto más atención a sus claves no verbales que a sus palabras. Ahora haremos un seguimiento de cinco minutos. (Véase el Apéndice IV para información sobre una demostración en video tape de este patrón de Cambio de Creencias).

Quiero que intenten realizar este patrón en grupos de a tres. Uno de ustedes será el programador, otro el cliente y el restante será un observador/consultor. Repasemos todos los pasos nuevamente antes de que comiencen.

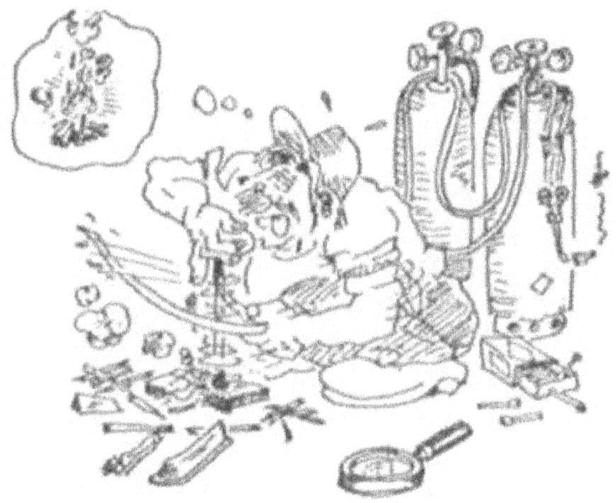

**Patrón de Cambio de Creencias**

A. Recolección de información y preparación.

1) Creencia: "Piense en una creencia que tiene sobre sí mismo que preferiría que no existiera, porque de alguna forma lo limita o porque implica consecuencias indeseables. ¿Cómo representa esta creencia en su experiencia interna?"

2) Duda: "Ahora piense en algo que le resulta dudoso. Pudiera ser verdad o no; no le consta. ¿Cómo representa la duda en su experiencia Interna?"

Cuando le pidan a su compañero pensar en algo de lo que duda, asegúrense de que sea algo de lo que no está seguro. Si dice algo así como "Dudo de que sea una buena idea", quizás lo que pretendía expresar es que cree que no es una buena idea. La duda existe cuando uno fluctúa entre pensar en que algo puede ser verdadero, y pensar en que pudiera no serlo: no lo sabe.

3) Diferencias: Hagan un análisis de contrastes para descubrir y establecer una lista de las diferencias de las submodalidades entre Creencia y Duda, tal como aconteció entre la confusión y comprensión.

4) Prueba: Prueben cada submodalidad de su lista de diferencias una por una para averiguar cuáles son las más poderosas en la conversión de la creencia en duda. Después de probar una submodalidad, vuelvan a la forma original antes de ensayar la siguiente.

5) Nueva creencia: "¿Qué nueva creencia le gustaría tener en lugar de la vigente, y que rechaza? Asegúrese de que está planteada en términos positivos, y sin negaciones. "Puedo aprender a cambiar en respuesta a la retroalimentación", en vez de "No seré incapaz de cambiar lo que hago".

También asegúrense de que su compañero piense en la nueva creencia en términos de una habilidad o un proceso, más que habiendo ya alcanzado una meta deseada. "Creo que puedo aprender a cambiar y mantener mi peso" es una creencia útil. "Peso 50 kilos" no es una creencia muy útil, especialmente si en la realidad ¡ella pesa 150 kilos! Interesa movilizar nuevas habilidades, no implantar nuevos engaños.

Igualmente necesitan pedirle a la persona que chequee la ecología: "Si adhieres a esta nueva creencia, ¿te causaría otros problemas?" "¿Cuan diferentemente responderán tu marido o tu familia si adoptas esta creencia?", "¿Esta nueva creencia afectará tu trabajo?", etc. Modifiquen la nueva creencia para que contemple las posibles dificultades.

Su compañero no requiere contarles cual es la nueva creencia. Todo lo que necesitan es una palabra que identifique el nuevo contenido.

B. Proceso de Cambio de Creencia

6) Creencia a duda. Manteniendo el mismo contenido, cambien la creencia no deseada en duda, usando una o varias de las más poderosas

submodalidades que descubrieron en el paso 4. Por ejemplo, si las dos diferencias más poderosas eran de cine a la diapositiva, y de panorama cercado a imagen enmarcada distante, hagan que la cinta panorámica disminuya su velocidad hasta ser una diapositiva quieta a medida que se aleja y se convierte en una imagen enmarcada.

7) Cambio de contenido. Usando alguna otra submodalidad, cambien el contenido de la creencia no deseada antigua a la nueva creencia. Usen algo que ella ya hace, o cualquier método gradual analógico. Por ejemplo, si cuando ella duda, sus imágenes oscilan rápidamente para atrás y para adelante, en el tiempo podrán conseguir que vaya del contenido viejo al nuevo contenido. Pueden lograr que la imagen de la antigua creencia se sitúe tan distante que sea imposible decir lo que es, y que luego retome con la imagen de la nueva creencia. Pueden hacer que la imagen sea tan brillante o tan oscura que el viejo contenido desaparezca, y en seguida hacerla volver con el nuevo contenido, etc.

8) De la duda a la creencia. Manteniendo el nuevo contenido, cambien la duda en creencia revirtiendo los mismos cambios de submodalidad que usaron en el paso 6. Si al cambiar la ubicación a la derecha cambiaba la antigua creencia hasta convertirla en duda, ahora cambien la ubicación de nuevo a la izquierda para cambiar el nuevo contenido de duda a creencia. Cuando hagan esto, asegúrense de estar muy alerta para captar cualquier "resistencia" o dificultad que afronte su compañero. Si la nueva creencia ha sido formulada en forma incompleta o tiene negaciones, alguna parte de la persona podrá objetarla. Cuando encuentren objeciones, atiéndanlas, recojan información y vuelvan al paso 5 para redefinir la nueva creencia.

C. Comprobación.

9) Hay varias formas de comprobar. Pueden preguntar "¿Cómo piensas acerca de esta nueva creencia?". Soliciten información sobre submodalidades, y usen la conducta no verbal para confirmar (o no confirmar) el relato verbal.

10) Cuando la nueva creencia esté en su sitio, la antigua creencia con toda seguridad cambiará a las submodalidades de la incredulidad. Si averiguan como está representada ahora la antigua creencia, pueden

compararla con las submodalidades de la duda, que ustedes ya conocen, o con las submodalidades del no creer, las que pueden averiguar proponiéndole a la persona que piense en algo en lo que definitivamente no cree.

A menudo he dicho que un buen trabajo de PNL consta en un 95% en obtener información y en un 5% en intervención. Los primeros cinco pasos son una preparación para la intervención. Esto es lo que garantiza realizar la intervención en forma rápida y suave. Recuerden: los cerebros aprenden velozmente, no con lentitud. Si preparan todo por adelantado, es mucho más fácil el trabajo. Es como poner de pie todos los dominós en fila y luego darle un golpecito al primero.

Sigan adelante y prueben ahora esta pauta en grupos de a tres. Sé que algunos de ustedes tienen preguntas; muchas de ellas serán respondidas por el ejercicio mismo. Las preguntas que aún subsistan serán mucho más interesantes después que hayan vivido la experiencia de probar esta pauta. Mis respuestas tendrán más sentido también para ustedes.

Ahora que han almacenado alguna experiencia, escuchemos los comentarios y preguntas.

Hombre: Cuando se produjo el cambio de creencia, tuve una serie de profundas sensaciones interiores. Sentí como si hubiese un cardumen de peces nadando en mi cerebro y en mi cuerpo, y las dos personas que me acompañaban también observaron muchos cambios visibles. ¿Es esto común?

Cuando la creencia es muy importante, ese es un fenómeno típico. Cuando el cambio afecta a una creencia central, a menudo sobreviene una reorganización interna profunda. Si es una creencia más periférica, los cambios no resultan tan extraordinarios.

Hombre: Encontré difícil pesquisar una creencia útil para cambiar. Me gustaría oír algunos ejemplos del contenido de lo que los demás cambiaron.

Mujer: He estado luchando y luchando durante años para perder los últimos dos kilos que me faltan para llegar al peso ideal. Siempre me ha sido relativamente fácil acercarme al peso que quiero, pero siempre he creído que debía luchar y pelear por controlarme a fin de perder esos dos últimos kilos. De modo que cambié mi creencia de que era difícil por la creencia de que sería fácil perder esos dos kilos. ¡Qué alivio!, me siento más relajada.

Hombre: Yo trabajé con ella, y fue realmente agradable observarla a través del cambio. Su cara, su voz, su cuerpo, todo estuvo mucho más relajado después.

Mujer: Yo he tenido una nariz moquillenta y cambié la creencia de que no podía intervenir al respecto. Me sorprendió, porque de hecho ahora puedo sentir mi nariz más seca.

Hombre: Yo perdí con la creencia de que era peligroso para mí conducir de noche sin mis anteojos. Quería cambiarla por la creencia de que podía manejar con seguridad sin lentes. Entonces mi compañero señaló que mi creencia deseada era una meta, y que podría ser peligroso el cambio. Podría ir manejando de noche pensando que era seguro y en realidad no lo fuera. De modo que lo cambié por la creencia de que puedo aprender a conducir con seguridad de noche sin anteojos. Creo que estaba trabajando sobre la creencia mucho más general de que no podía aprender. Tengo la sensación de que esto afectará más que sólo a la conducción nocturna; parece mucho más amplio que eso.

Estupendo. El cambiar la creencia de que algo no se puede aprender es útil para miles de personas. Muchos intentan algo, les va mal y concluyen que no pueden hacerlo y que no pueden aprender a hacerlo. Conozco un hombre que "Sabía" que no podía tocar piano: "Me senté al piano, intenté hacerlo, pero no resultó". Yo parto de la convicción de que teniendo la mayoría de las células cerebrales intactas, cualquier persona puede realizar cualquier cosa. Es posible que tengan que dividir la tarea en trozos, o aprender a hacerla en forma diferente, o puede tomarles largo tiempo el dominarla, pero como punto de partida la creencia de que pueden aprenderla los llevará lejos. Incluso a veces mi creencia puede ser errónea, pero me posibilita obtener resultados que ni siquiera imaginaría si presupusiera que la gente es genéticamente incapaz.

Hombre: Varias personas usan el caminar sobre las brasas como una forma de cambiar las creencias limitantes. ¿Podrías referirte a ello?

Cuando alguien cree que no puede hacer algo como caminar por el fuego, y tú logras que lo haga, con eso ciertamente destrozarás la antigua creencia, especialmente si recalcas "Si puedes caminar por el fuego, entonces puedes emprender cualquier cosa". Sin embargo, no hay forma de especificar con claridad la nueva creencia que ocupará el lugar de la antigua. Leí sobre una persona que caminó por las brasas y dijo "Ahora creo que podría estar parado en medio de una explosión nuclear, y ello no me afectaría". Si tiene suerte, no tendrá que confirmar esta creencia, pero es un ejemplo del tipo de creencias estériles que pueden implantarse por esa vía. Si se injertan creencias así, la gente adquirirá creencias que no guardan relación con la evidencia o la retroalimentación. ¡Uno de los que enseña a caminar por el fuego se denomina a sí mismo “el más avezado entrenador de PNL”, cuando ni siquiera tiene un sólo título y ni un entrenamiento! Algunas de sus otras creencias incluyen menos evidencias que las sustentan.

Sé que algunas personas han obtenido cambios muy útiles de creer tras una caminata por las brasas. Hasta un reloj detenido marca la hora correcta dos veces al día. El problema de caminar por el fuego es que hay poco control sobre la creencia que reemplaza a la antigua. Hay cientos de creencias raras y peligrosas en el mundo.

Otro problema implícito en algo como caminar por las brasas es que le va a instaurar la creencia de que se requiere un suceso externo dramático para que uno cambie. Yo prefiero instalar la creencia de que el cambio ocurre constantemente, y fácilmente, y el que funcione para uno debe de saber manejar su propio cerebro. No es imprescindible caminar por carbones encendidos para ello.

Es un asunto totalmente aparte el si caminar por el fuego es algo fácil o no de acometer, y si las seis horas de preparación evangélica sirve para lanzarse a pisar brasas. Un reportero del *Rolling Stone* cronometró a la gente mientras paseaba por el fuego y encontró un rango de 1.9 segundos, con un promedio de cerca de 1.7 segundos. El largo de la caminata era de alrededor de 3 metros, de modo que con una zancada de medio metro puede concluir con seis pasos, tres por cada pie. Eso te da un máximo de menos de medio segundo de contacto real por paso. Los ñames por el fuego aluden mucho a la temperatura de los carbones 1.400 a 2.000 grados F, pero no mencionan que cada pie hace tres dos con los carbones que duran menos de medio segundo cada uno. Cuando uno recoge un carbón encendido que cayó en la alfombra para devolverlo a la chimenea, los dedos probablemente entran en contacto con el carbón más o menos ese tiempo, y la punta de los dedos es mucho más sensible que la planta de los pies.

El quemarse requiere transferencia de calor, no tan sólo temperatura y el tiempo de contacto es apenas uno de los factores de la transmisión. El otro factor es la conductividad. Digamos que pernoctaron en una cabaña en las montañas y salen de la cama en la mañana cuando hay 20 grados F bajo cero, y un pie desnudo aterriza en una plancha de acero, mientras que el otro se posa en una alfombra. Incluso si el acero y la alfombra están ambos a 20 grados bajo cero, el acero es muchísimo más frío porque posee mayor conductividad de calor. La conductividad del carbón es mayor que la de la alfombra, pero mucho menor que la del acero. Pregúntenle al próximo caminante por el fuego con quien se encuentren si estaría dispuesto a caminar la misma distancia sobre una plancha de acero que se halle a la misma temperatura que los carbones ¡Apuesto que no!

Hay un factor que los físicos llaman "efecto Leidenfrost". Cuando hay una diferencia de temperatura significativa entre dos sustancias, y la más fría es un líquido o contiene líquido, se forma una delgada capa de vapor que crea una barrera aislante que reduce apreciablemente la transferencia de calor.

Toda la evidencia que tengo indica que una caminata de tres metros durante 1.5 segundos, es algo que cualquier persona puede realizar, con o sin preparación evangélica, pero que muy poca gente cree que puede realizar.

Mujer: Algunas personas sustentan creencias que parecen influir apenas en su conducta. Por ejemplo, mi jefe siempre pontifica de como la gente debe ser agradable unos con otros, pero él generalmente es hostil. ¿Cómo explica usted eso?

Yo trato de comprender como funcionan las cosas, no "explicarlas", lo que es muy distinto. Hay varias posibilidades. Una es que su creencia no constituya realmente algo en lo que crea, aun cuando hable sobre ello. Una serie de "intelectuales" profesan creencias como ésa, que no tienen ningún eco en su conducta. En ese caso podrías usar la pauta de cambio de creencias para convertir su creencia en una que sea subjetivamente bastante real como para que afecte su conducta.

Otra posibilidad es que su creencia sea lo suficientemente real, pero selectiva: es decir otra gente debe ser agradable con él, pero él no necesita ser agradable con ellos porque él es especial. Los reyes, los dictadores y algunas estrellas de cine actúan así. Las creencias no siempre son recíprocas.

Una tercera posibilidad es que la creencia de tu jefe sea verdadera y recíproca, pero lo que él estima "ser agradable" tú lo evalúes como "desagradable". En los años 60, cientos de psicólogos humanistas abrazaban a todo el mundo porque creían que era una actitud agradable, sin fijarse si al "abrazado" le complacía o no. También andaban insultando a la gente, puesto que opinaban que la salvación de las almas era muy importante, y no se apiadaban si a veces era necesario destrozar por ello el cuerpo del "salvado".

El proceso de cambiar una creencia es relativamente fácil, siempre que exista el consentimiento de la persona. Es más difícil si la persona no quiere cambiar su creencia. También he supuesto que pueden identificar qué creencias vale la pena cambiar. A veces no es tan obvio, y demora algún tiempo determinar cuál es la creencia limitante de alguien. A menudo la creencia que la persona quiere cambiar no es la que realmente empobrece su conducta.

Mi meta principal es enseñarles un proceso que pueden emplear para cambiar una creencia. Sin embargo, el contenido de la creencia también es importante. Es por eso que les pedí que se aseguraran de efectuar lo que llamo un chequeo ecológico, y también el que formulen la nueva creencia en términos de un proceso, más que una meta, y que la presenten en términos positivos. Les pedí que hicieran este proceso de cambio de creencias sin conocer el contenido de la nueva creencia, porque sé que algunos de ustedes podrían enredarse con el contenido y tener dificultades para aprender el proceso. Después que hayan captado bien el proceso, no es tan fácil que se extravíen en los contenidos. Cuando estén trabajando con sus clientes, es bueno saber algo de los contenidos para que verifiquen que la nueva creencia esté formulada en términos positivos, como un proceso más que una meta, y que sea ecológica, para la persona. Las creencias son armas muy poderosas. Cambiar una creencia puede causar muchos beneficios, pero si instauran una creencia errónea también pueden generar mucho daño. Les ruego sinceramente que sean muy cuidadosos respecto a los tipos de nuevas creencias que van a implantarse a la gente.

**VIII. Aprendiendo**

Siempre me pareció interesante el que cuando la gente discute sobre algo intrascendente, dicen que se trata de algo "académico". A John Grinder y a mí se nos obligó a alejarnos de la Universidad de California, a raíz de que estábamos enseñando a los alumnos a hacer cosas con sus vidas. Esa fue la queja contra nosotros. Dijeron que la Universidad era sólo para educar a la gente acerca de cosas, y no para modificar sus vidas.

En mi época de estudiante universitario, en los únicos ramos en que fracasé fue en psicología y en oratoria. Fracasé en mi primer curso de psicología y obtuve una nota "D" en oratoria. Chistecito, ¿no? La PNL es mi venganza.

Al contactarme con educadores, he detectado que quienes enseñan un ramo determinado pueden disfrutar con su trabajo y saber mucho sobre el tema. Sin embargo, generalmente saben muy poco sobre como lo aprendieron, e incluso menos sobre como trasmitirlo a los demás. Una vez fui a una clase de química para principiantes. El profesor se paró frente a 350 personas y dijo "Ahora quiero que imaginen que aquí hay un espejo y que frente a él está la molécula helicoidal de DNA, rotando hacia atrás". Algunos en la sala dijeron "¡Ahhhh!", y llegaron a ser químicos, Otros dijeron "¿Ehhhh?", y no llegaron a ser químicos. Los últimos dijeron "¡Uffff!", ¡y se convirtieron en terapeutas!

Ese profesor ignoraba que la mayoría de las personas no puede visualizar en la forma detallada que él lo hacía. Ese tipo de visualización es un prerrequisito para triunfar en química, y es una destreza que se le puede inculcar a la gente que aún no sabe cómo visualizar bien. Pero, puesto que ese profesor suponía que todos podían desempeñarse así, estaba perdiendo el tiempo con la mayoría de los asistentes a su clase.

La gran mayoría de los estudios acerca del proceso de aprendizaje han sido "objetivos". En cambio, la PNL explora la experiencia subjetiva de los procesos mediante los cuales la gente aprende las cosas. Los estudios "objetivos" generalmente abarcan a la gente que padece el problema; la PNL se centra en la experiencia subjetiva de las personas que tienen la solución. Si estudian la dislexia, aprenderán mucho sobre dislexia. Pero si quieren enseñarles a los niños a leer, es más sensato estudiar a los que son capaces de leer bien.

Cuando inventamos el nombre "Programación Neuro-Lingüística", mucha gente acotó " Suena como "control mental", como si eso fuera algo peligroso. Entonces dije "Sí, por supuesto". Si no comienzan por controlar y usar su propio cerebro, entonces sólo resta invocar la casualidad y el azar. Así es como opera nuestro sistema educacional. Mantienen el contenido delante de ti durante doce años; si es que lo aprendes entonces dicen que te lo enseñaron. Hay una serie de fallas en el sistema educacional actual, y me gustaría analizar algunas de ellas.

"Fobias escolares".

Uno de los problemas más entendidos es que muchos niños han sufrido ya malas experiencias en la escuela. Debido a esto, una cierta materia, o el colegio en general, llega a ser una clave que gatilla malos recuerdos que provocan que un niño se sienta mal. Y, en caso de que no lo hayan notado ustedes, la gente cuando está incómoda no aprende mucho. Si la respuesta de un niño es realmente intensa, los psicólogos la describen como "fobia escolar". El sentirse mal como reacción a situaciones escolares puede cambiarse rápidamente usando algunas de las técnicas que he descrito y demostrado antes, pero me gustaría mostrarles otro procedimiento muy simple.

¿Cuántos de ustedes se han asqueado con las matemáticas, fracciones, raíces cuadradas, ecuaciones cuadráticas y cosas por el estilo? (Escribí una gran cantidad de ecuaciones en la pizarra, y unas cuantas personas del auditorio suspiraron y gruñeron).

Ahora cierren los ojos y piensen en una experiencia que fue absolutamente maravillosa, alguna situación en la que estaban excitados y contentos...

Ahora abran los ojos por uno o dos segundos y miren estas ecuaciones, y en seguida cierren los ojos y vuelvan a esa experiencia maravillosa...

Ahora abran los ojos y miren las ecuaciones por algunos segundos más, y en seguida retornen a su experiencia reconfortante... Alternen unas cuantas veces mas, hasta que las dos experiencias se integren totalmente...

Ahora es tiempo de probarlo. Primero miren hacia otro lado y piensen en cualquier experiencia que sientan neutral... y en seguida miren las ecuaciones y adviertan su respuesta...

Hombre: ¡Dios, resulta!

Este es un antiguo método de PNL, que llamamos "anclas integrantes". Si quieren documentarse, pueden leer "De sapos a príncipes". El cambiar la mayoría de las malas respuestas al colegio puede hacerse tan fácil y rápidamente como esto, pero tienen que conocer como funciona el cerebro para intervenir. (Si quieren ensayar este método, encontrarán una página llena de ecuaciones en el Apéndice VI).

Una manera más imaginativa de usar el mismo principio es conectar siempre el aprendizaje con cosas divertidas ¡y pasarlo bien! En la mayoría de los colegios sientan a los niños alineados, en filas ordenadas y callados. Siempre pregunto "¿Cuánto falta para que los niños comiencen a reírse, moverse y disfrutar?". Si relacionan el aprendizaje con aburrimiento y la incomodidad, no es extraño que nadie se entusiasme. Una de las cosas positivas de la educación con computadoras es que son más entretenidas que la mayoría de los profesores, al menos poseen una paciencia infinita y nunca traman que los niños se sientan mal, como lo hacen miles de profesores.

## Recordar

Otro problema esencial para muchos es recordar lo que han aprendido en el colegio. Mucho de lo que se denomina educación es simple memorización. De alguna manera eso está cambiando. Los profesores han comenzado a darse cuenta de que la cantidad de información es tan enorme, se expande tan rápido y cambia tanto, que la memorización no es tan importante como antaño. Es mucho más valioso ser capaz de encontrar los hechos cuando los necesites, usarlos y olvidarlos. Sin embargo, debes adiestrarte para recordar como hacer eso.

Un aspecto importante del recuerdo es similar a lo que hemos discutido recién: ¿El recuerdo está asociado a una experiencia agradable o desagradable? A fin de que alguien evoque algo, tiene que volver al estado de conciencia en el cual obtuvo la información. Así funciona la memoria. Si logras que alguien esté enojado o infeliz cuando le pides que haga algo, a fin de recordarlo tiene que recuperar ese estado emocional. Puesto que no le agrada sentirse mal, es probable que lo olvide. Esta es la razón por la que la mayoría de nosotros ha desarrollado una amnesia total sobre los 12 o más años de educación. Yo no recuerdo los nombres de mis profesores, ni la mayor parte de lo que me enseñaron. ¡Pero sí conservo en mi memoria el último día de colegio!

¿Cómo te llamas?

Mujer: Lidia.

Olvidaste la etiqueta con tu nombre. La única forma que puedo recordar los nombres es alucinando etiquetas puestas en las personas. Cada vez que conozco a alguien, observo su pecho izquierdo; ahora sospechan que soy un pervertido. En una oportunidad di un curso en la Xerox y puesto que todos lucían etiquetas de Xerox, llamaba a la gente "Xerox" todo el día. Es una de esas cosas que tu cerebro aprende, y aunque te percates de que no sirve para nada, continúa haciéndolo igual.

Lidia, si olvidas tu etiqueta pensaré que te has "colado" a este seminario, e instalaré ciertas sugerencias... que durarán el resto de tu vida. Si portas una etiqueta con tu nombre, no haría eso. Sólo recibirías sugerencias que te durarán un corto tiempo.

Lidia, voy a decirte un número: 357. Ahora quiero que lo olvides... ¿Lo has olvidado ya? (No). Si no puedes olvidar un número carente de significado, ¿cómo pudiste olvidar tu etiqueta, o el contenido importante en un seminario? ¿Ya lo olvidaste? (No). Ahora bien, ¿cómo es posible que te aferres y no puedes olvidar algo que carece de toda importancia?

Lidia: Si seguimos hablando de él, lo recordaré incluso más. No interesa si es importante o no. Puesto que me estás pidiendo que lo olvide, no lo olvido.

Eso tiene sentido... ¿Te fijaste en cuánta gente asintió cuando dijiste eso? "Oh, si, me pediste que lo olvidara, así es que lo recordaré. En el fondo no tiene importancia, pero estamos charlando sobre ello. Si me sugieres que olvide algo de lo cual hemos estado conversando un rato largo, y que no es trascendente, tendrá que "recordarlo". Extraño ¿verdad?... Pero ella tiene la razón.

Suena raro, pero incluso así ustedes saben que ella tiene la razón. El que lo diga es tan raro como el que lo practique. Sin embargo, los psicólogos ignorarán esto como si no valiese nada y aun así seguirán estudiando los "complejos de Edipo" y muchas otras etiquetas. Los psicólogos por lo general desdeñarán estudiar como la gente recuerda cosas, en aras de estudiar en que "profundidad" de trance has estado. Esa es la metáfora donde el trance es un hoyo al que se cae, y el ir más adentro es muy valioso. La gente que habla sobre "niveles de conciencia" discrepa; creen que es mejor ir más arriba, no más abajo.

Si yo no hablara de ello por mucho tiempo, y hablara en forma adecuada, ella podría olvidar un número con tan sólo tres dígitos. Lidia puede olvidar la etiqueta con su nombre, incluso si le subrayaron que era importante. Muchos de ustedes intentan que los demás recuerden cosas. ¿Cuántos de ustedes le hablan a la gente de asuntos que son vitales, sin embargo, ellos olvidan lo que les acaban de decir? ¡En seguida dedujeron que era culpa de ellos! Recuerden eso cuando deseen que alguien recuerde algo.

Excepto el tiempo dedicado a torturar ratas, los psicólogos probablemente han estudiado la memoria más que cualquier otro tópico. Sin embargo, aún no han descubierto realmente como la gente recuerda en términos de experiencia subjetiva.

Por ejemplo ¿A cuántos de ustedes les ha sido difícil recordar números de teléfono? Probablemente la mayoría lo intenta por vía auditiva, repitiéndose verbalmente los números. A muchos les enseñaron las tablas de multiplicar mediante recitación auditiva. Pero aún si resulta, es muy lento, debido a que hay que recitar todas aquellas palabras para arribar a la respuesta: "Nueve por seis igual a cincuenta y cuatro". Para muchos tipos de información es mucho más eficiente memorizarla visualmente: 9x6=54. Al recordar visualmente, surge la imagen total en su mente de una vez, y la pueden saltar para llegar a la información que necesitan y leerla o copiarla. Muchos niños considerados de "aprendizaje lento" están recordando auditiva y visualmente. En caso de que se ocupen una o dos horas para enseñarles a hacerlo visualmente, aprenderán mucho más rápido.

Por el contrario, alguna gente procura recordar música formando imágenes o a través de sensaciones, en vez de oír los sonidos. Así es que se trata de encontrar siempre cuál es la vía adecuada para lo que se busca recordar.

Otra manera de tener mala memoria es hacer algo que es totalmente irrelevante frente a la memorización de los datos. Si te repites a ti mismo "Debo recordar ese número telefónico", recordarás esa frase y no el número. Mucha gente se conduce así, y en seguida se pregunta por que padecen de tan "mala memoria". Sus memorias son excelentes, sólo que las usan para grabar idioteces.

Si estudian a las personas dotadas de memorias descomunales, descubrirán que ejecutan cosas realmente interesantes. Por ejemplo; un hombre con excelente memoria le pone subtítulos a todas sus imágenes. De hecho, imprime palabras en sus imágenes, que describen de que se trata la imagen. Esa breve descripción verbal codifica y categoriza el recuerdo, de modo que es fácil retornar a él. Es como ponerle un título a una película para saber su contenido sin necesidad de revisar toda la película. En el mundo de la computación, llamamos a eso "código de identificación", algo que es arbitrario pero que identifica, que relaciona a esto, pero también a eso, uniéndolos.

Una vez en un seminario a una mujer le presentaron rápidamente a 45 personas, con nombre u apellido. Eso le bastó para retener los nombres de todos. He visto a Harry Lorayne hacer lo mismo con casi 300 personas en un show de televisión. Cuando a esa mujer le presentaban a alguien, focalizaba su atención en algo que fuese notorio: la forma de la nariz, el color de la piel, la barbilla o lo que sea que ella notara espontáneamente en esa persona. Continuaba focalizando ese rasgo mientras oía el nombre de la persona, y con ello conectaba a los dos. Incluso se chequeaba rápidamente mirando hacia otro lado para visualizar ese rasgo único y escuchar el nombre. Asegurándose de que había establecido la conexión. Me agrada que la gente use etiquetas con su nombre, a fin de no preocuparme de eso. Sin embargo, es una destreza útil que se podría enseñar a los vendedores. A menudo atienden mucha gente, y se considera importante que recuerden sus nombres y sean personalmente amistosos con ellos.

Si la mayor parte del tiempo se comunican por teléfono, el método visual no les ayudará. Pero pueden adaptarlo fácilmente al sistema auditivo: noten algo especial en el tono de voz de la persona, y escuchen el nombre pronunciado con ese rasgo distintivo. Gente que es muy visual prefiere imaginar el nombre cuando lo oye. Siempre se pueden valer de una estrategia de recuerdo de esta manera, ajustándola al contexto o a las habilidades de cada persona.

Si realmente quieren retener un nombre, únanlo con algo único y peculiar en los tres principales sistemas representacionales: auditivo, visual y kinestésico. Mientras oyen el sonido del nombre y el tono de voz, pueden distinguir algo único en lo que captan al mirarlo y también en lo que sienten al estrecharle la mano. Puesto que ello les brindará un código de identificación en cada sistema principal, adquirirán tres maneras diferentes de evocar el nombre.

Otra forma de consolidar una "buena memoria" es ser muy eficiente y económico en lo que recuerdan, y usar lo que ya han memorizado tanto como sea posible. Por ejemplo, si siempre echan las llaves en el bolsillo derecho del pantalón, sólo requieren grabarse eso una vez. Alguien que pone sus llaves en múltiples lugares se obliga a recordarlo a cada rato.

Uno de nuestros alumnos administra un par de negocios y le corresponde archivar una montaña de papeles y registros. Cada vez que hay que archivar algo se pregunta "¿Dónde buscaría esto cuando lo necesite?", y camina hacia el archivo. De inmediato aparece en su mente la imagen del nombre de un archivo en particular y ahí lo coloca. Este método recurre a lo que él ya recuerda, de modo que rara vez hay que considerar algo nuevo. Cada vez que archiva este ítem refuerza la conexión existente entre él y su archivador, tornándose el sistema cada vez más confiable.

Una forma de pensar sobre estos dos ejemplos es que crean una situación en que cabe recordar lo mínimo. Aquí va otro ejemplo. Lancen una mirada por unos instantes al conjunto de números que figuran a continuación, y en seguida desvíen la vista y constaten cuánto pueden recordar:

14916253649648110

Ahora mírenlo por el tiempo suficiente para que aún puedan recordarlo al apartar la vista.

Si se han esforzado, seguramente comenzaron a agrupar los números de a dos o de a tres, a fin de organizar la tarea y facilitar la memorización:

14, 91, 62, 53, 64, 96, 48, 11, 00

O bien;

149, 162, 536, 496, 481, 100

Este es un proceso que llamamos "trozar": romper una mole en pedazos más pequeños, más manejables. En el campo de los negocios hay un chiste "¿Cómo te comes un elefante?". La respuesta es: "De un bocado a la vez".

En este momento, ¿por cuánto tiempo calculan ustedes que podrían recordar este número con exactitud? ¿Una hora? ¿Un día? ¿Una semana?

Ahora dividamos la misma cantidad en una forma diferente. ¿Les sugiere algo esto?:

1 4 9 16 25 36 49 64 81 100

Podemos escribir el mismo conjunto de números en forma un poco diferente, como cuadrados de números:

12 22 32 42 52 62 72 82 92 102

Ahora es obvio que el número con el cual partimos corresponde a los cuadrados de los números del 1 al 10, todos juntos. Sabiéndolo, podrán recordar con facilidad este número en 10 ó 20 años más. ¿Qué es lo que lo vuelve tan fácil? Hay mucho menos que recordar, y está codificado en términos de cosas que ya recuerdan. De esto se ocupa la matemática y la ciencia: codificar el mundo eficiente y elegantemente, de modo que haya menos que recordar, dejando el cerebro despejado para abordar asuntos más apasionantes y divertidos.

Estos son algunos de los principios que ayudan a que el recuerdo sea más fácil y rápido. Por desgracia, aún no se explotan mucho en la educación actual.

## "Trastornos de aprendizaje"

Una de las satisfacciones que se reciben luego de escribir suficientes libros, es que la sociedad permite cosas que uno quería realizar, pero no podía. Típicamente, a esas alturas uno ya no recuerda bien cuáles eran, pero yo había anotado algunas. Cuando se me pidió que trabajara en un distrito escolar, había ciertas ideas que me motivaban. Una de ellas es la noción total de "trastornos de aprendizaje", "disfunción cerebral mínima", "dislexia" o "handicaps educacionales". Son palabras llenas de prestigio, y lo que todas describen es que la enseñanza no está funcionando.

Cada vez que un niño no aprende, los expertos rápidamente diagnostican un "trastorno de aprendizaje", aunque nunca aclaran "quien lo padece". Quizás se hayan fijado en que nunca lo llaman "problema de enseñanza". Siempre se supone que la explicación del fracaso es que el cerebro del niño es débil o está dañado, a menudo por presuntas causas genéticas. Cuando la gente ignora como cambiar algo busca una manera de justificar el fracaso, en vez de pensar como podrían patentar algo diferente que funcionara bien. Si parten del dogma que el chico tiene el lóbulo del aprendizaje cojo, entonces no hay remedio hasta que se perfeccionen las operaciones de trasplantes de cerebro.

Yo prefiero no explicar el fracaso de esta forma. Prefiero catalogarlo como una "disfunción de la enseñanza", y al menos dejo abierta la posibilidad de que podamos aprender a cambiarla. Si postulamos que se puede enseñar cualquier cosa a cualquier persona, averiguaremos donde esto no es verdad (aún). Pero si creemos que cuando alguien no aprende significa que no se le puede enseñar, entonces nadie ni siquiera lo intentará.

En el siglo pasado, todos sabían que el hombre podía volar. Y cuando los aviones llegaron a formar parte de la rutina diaria, la mayoría consideraba imposible enviar a un hombre a la luna. Si uno adopta la actitud de que todo es factible, encontrarán que miles de cosas que antes se rotulaban como imposibles devienen en posibles.

La totalidad de la idea de los "trastornos de aprendizaje" se basa principalmente en viejos estudios neurológicos de "extirpación", que obedecen a un esquema bastante primitivo del funcionamiento del cerebro: que puedes imaginar lo que algo aporta, observando que sucede cuando se ha roto. Encontraban una lesión en una parte del cerebro de alguien privado del lenguaje, y afirmaban "Ahí es donde reside el lenguaje". Esa es la misma lógica implícita en cortar un cable del televisor, apreciar que la imagen titila y diagnosticar "De este cable depende la estabilidad de la imagen". Hay miles de cables, conexiones y transistores comprometidos en estabilizar la imagen, dentro de un sistema muy complejo e interdependiente, y el cerebro es mucho más complejo que un televisor. Para algunas de las áreas más primitivas del cerebro hay un cierto grado de localización de funciones. Sin embargo, también se constató hace años que un niño puede perder un hemisferio cerebral completo y aprender todo lo nuevo, perfectamente, con el otro.

Evidencias recientes tienden a sepultar una enorme cantidad de dogmas neurológicos. En un reciente estudio de tomografía con rayos X descubrieron a un graduado universitario, muy inteligente, con ventrículos cerebrales tan agrandados ¡que su corteza sólo tenía un espesor de un centímetro! La mayor parte de su cabeza estaba llena de líquido, y de acuerdo al dogma no debería haber sido capaz ni de levantarse en las mañanas, menos de soñar siquiera con matricularse en la universidad.

Otro viejo dogma es que en los vertebrados no se forman nuevas neuronas después del nacimiento. El año pasado se comprobó que el número de neuronas en la parte del cerebro que usa el canario macho para cantar, se duplica cada primavera y en seguida muere la mitad de ellas durante el resto del año.

En otro estudio encontramos que, si se le corta un dedo a un mono, la parte del cerebro encargada de activar el dedo faltante es usada por los dedos próximos dentro de unas pocas semanas, y esto determina que los restantes dedos sean más sensibles que antes. Toda la información última apunta a que el cerebro es mucho más flexible y adaptable de lo que presumíamos.

Nunca compartí la idea de que los niños exhiban "déficits educacionales", porque nunca supuse que el leer fuera primariamente genético. ¡Un niño puede aprender a hablar en tres años, incluso en la selva, sin padres doctorados! ¿Por qué debiera demorar diez o más años el enseñarle a leer lo mismo que ya sabía decir? Los niños en los ghettos comprenden tres idiomas a la vez, y pueden escribir toda clase de cosas en códigos secretos. Pero el método de enseñanza en los colegios produce una situación en la que algunos niños no aprenden a leer. Más de alguno de ustedes recordará clases en la que no aprendían mucho a raíz de la forma atroz en que se presentaba la materia.

Aprender a leer no es realmente tan complicado. Todo lo que se requiere es conectar la imagen de la palabra con el sonido de la palabra que ya conocen. Si saben la palabra hablada, ya han conectado el sonido con una experiencia de lo que la palabra significa. Cuando niños, probablemente aprendieron bien temprano que el sonido "gato", significaba una cosita suave, peludita, que se movía, que tenía garras y maullaba. El cómo logran eso en su cerebro es oír la palabra "gato", al mismo tiempo que evocan su experiencia de la vista, sonido y sensaciones de un gato. Entonces, si alguien pronuncia la palabra, esa experiencia está ahí en su mente, y si oyen, ven o tocan un gato ahí está el sonido adecuado. La lectura agrega una imagen de la palabra a lo que ya conocen. Cuando ven la palabra "perro", obtienen en su mente un sonido y una imagen diferente que cuando ven la palabra "gato".

Esto parece bastante elemental, y lo es. Sin embargo, hay una enorme cantidad de artificios escritos sobre problemas de lectura, y una impresionante cantidad de esfuerzos se dedican a procurar resolver problemas de lectura. Por el contrario, hay un grupo entrenado en PNL en Denver (Ver Apéndice V) que trabaja con toda clase de problemas educacionales. Garantizan la superación del nivel de lectura de un niño, medido por test standard, en un mínimo de un grado en 8 sesiones de una hora. Generalmente pueden progresar más en un tiempo más corto. En los últimos tres años sólo han pagado la garantía en una ocasión. El único prerrequisito es que el niño posea estabilidad muscular para usar sus ojos, de modo que pueda ver lo que está leyendo.

## Drogas

Otra de las cosas que me intrigaba respecto al sistema escolar es la difundida práctica de prescribir drogas tales como el Ritalin a los niños 'hiperactivos" o "hiperkinéticos", renuentes a permanecer sentados en fila por largos períodos. El Ritalin los lentifica para que el profesor se adecue su ritmo. Las drogas recetadas a estos niños se justifican diciendo que son inocuas. Una de las curiosidades del Ritalin es que, aunque lentifica a los niños hiperactivos, su efecto en los adultos es similar al de las anfetaminas: los acelera.

Así es que, al intervenir en ese distrito escolar, les dije "Este Ritalin que le están dando a los niños los lentifica, pero acelera a los adultos, ¿verdad? Y ustedes creen que es inofensivo, que no acarrea efectos colaterales dañinos, ¿verdad? Bien. He aquí una proposición que ahorrará mucho dinero. Dejen de preocuparse por los niños y recétenle a los profesores, de modo que puedan acelerarse y ajustarse al ritmo de sus alumnos". Estaban atrapados en su propia lógica, pero se rebelaron. Prueben sugerir esto en un colegio y descubran cuantos "profesores de trastornos de aprendizaje" aceptarían ingerir una droga "totalmente inofensiva". Lo mismo sucede con los psiquiatras: casi nunca prescriben drogas sicoactivas a sus colegas cuando éstos caen en el hospital. Luego de 30 años prescribiendo drogas del tipo de la fenotiazina, ahora han descubierto que con el tiempo causa algo que se llama "diskinesia tardía".

Afecta a sus músculos hasta el punto de que tiemblan enteros y tienen problemas al caminar o al coger una taza.

Mujer: Soy profesora, y justo la semana pasada participé en una conferencia del personal con un médico, una enfermera y otro profesor, la enfermera señaló "Creo que deberíamos prescribirle drogas a este niño", y los demás asintieron. Me enojé de verdad y les dije "Me cuesta creer que con todo lo que se habla del abuso de drogas estén recomendándoselas a este niño ¿Les gustaría drogarse?". El médico confesó "Tomo drogas todas las noches para calmarme". Y el profesor "Yo también". Y enfermera "Yo tomo Valium todos los días". No podía creerlo y quedé tan impactada que no supe que argumentar.

Bien, el que uno tome drogas es muy diferente a obligar a otros a imitarlo. Opino que la gente debiera elegir sus propias drogas. Lo que resulta bastante triste es que la mayoría de los problemas por los cuales prescriben drogas, pueden solucionarse fácilmente mediante la PNL. Cualquiera que practique la PNL debiera curar una fobia escolar en media hora, y la mayor parte de los malos deletreadores pueden corregirse en una o dos horas.

Sin embargo, ahora hay que ser cuidadosos. Se está comenzando a difundir la PNL, y naturalmente hay gente sin la preparación adecuada que se la apropia. Incluso algunos se autoproclaman "el principal entrenador en PNL" ¡y sólo han asistido a una clase! Esto suele desencadenarse cada vez que se conoce algo efectivo, así es que hay que moverse con cautela y formularle unas cuantas preguntas a cualquiera que pretenda haber sido entrenado en PNL.

Algunos buenos exponentes de la PNL están realizando clases de educación especial, y pícaramente eliminan todo tipo de problemas de aprendizaje a diestra y siniestra. Cuando se sabe averiguar como funciona el cerebro de alguien, es relativamente fácil enseñarle a usarlo de manera más eficiente.

La capacidad de aprendizaje se actualiza de veras no cuando alguien lo inunda a uno con el contenido, sino cuando alguien puede enseñarles el mecanismo por el cual se puede lograr: es decir las estructuras y las secuencias subjetivas imprescindibles para aprender.

Free School
E=MC²

## IX. El Chasquido

La siguiente pauta de submodalidad que quiero enseñarles puede emplearse para casi todo. Es un patrón muy creativo, que programa al cerebro para que vaya en una nueva dirección. Con el propósito de que este patrón les sea fácil de aprender, partiré con algo muy simple. Mucha gente está interesada en algo que se llama "control de hábitos". ¿Quién aquí se come las uñas y le gustaría ayunar? (Jack sube a la plataforma). Voy a usar este patrón para que Jack haga otra cosa en vez de comerse la uñas.

¿Qué ves justo antes de comerte las uñas?

Jack: No lo sé. Generalmente, no me doy cuenta de que lo estoy haciendo hasta después de un rato.

Eso es verdad para la mayoría de los hábitos. Enganchan el "piloto automático" y luego, cuando es demasiado tarde para intervenir al respecto, lo notan y se lamentan. ¿Sabes cuándo y dónde te comes las uñas?

Jack: De preferencia mientras leo un libro o miro una película.

OK. Quiero que te imagines que estás viendo una película y que subas una de tus manos como si fueras a comerte las uñas. Quiero que te fijes en lo que ves cuando tu mano sube sabiendo que te vas a comer las uñas.

Jack: OK. Puedo ver a mi mano subiendo.

Bien. Usaremos esa imagen en un instante más, déjala de lado por ahora. Primero necesitaremos otra imagen. Jack, si no te comieras las uñas, ¿en qué forma te verías diferente a ti mismo? No te quiero decir que andarías con las uñas largas. ¿Cuál sería el valor de cambiar este hábito? ¿Qué diferencia suscitaría en ti como persona? ¿Qué significaría para ti? No quiero que expreses las respuestas; quiero que contestes creando una imagen de ti como que si ya no tuvieras éste mal hábito.

Jack: OK. Ya la tengo.

Ahora quiero que recuperes esa primera imagen de tu mano subiendo y la tornes más grande y brillante... Y en la esquina izquierda de abajo de esa imagen pon una imagen pequeña y oscura de cómo te verías a ti mismo diferentemente, ya libre del hábito.

Ahora quiero que procedas a lo que llamo el "chasquido". Quiero que la pequeña imagen oscura se haga más brillante y grande hasta que cubra completamente la vieja imagen de tu mano, la que simultáneamente se volverá más pequeña y oscura. Quiero que lo hagas realmente rápido, en menos de un segundo. Tan pronto como hayas "chascado" estas imágenes, borra la pantalla totalmente o bien abre los ojos y mira a tu alrededor. En seguida, vuelve adentro y hazlo de nuevo, partiendo con esa imagen grande y brillante de tu mano subiendo y la pequeña imagen de ti en la esquina. Hazlo cinco veces en total. Asegúrate de borrar la pantalla o de abrir los ojos al final de cada episodio...

Ahora es tiempo de comprobar. Jack, forma esa imagen grande y brillante de tu mano subiendo; y ¿dime qué pasa?

Jack: Bueno, es difícil mantenerla ahí. Se desvanece y aparece la otra imagen.

El patrón del "chasquido" imprime una dirección determinada. Los seres humanos tienden a evitar lo desagradable y a moverse hacia lo placentero. Primero hay una imagen grande y brillante de la clave para la conducta que no les gusta. A medida que tal imagen se desvanece y empequeñece, lo desagradable disminuye. A medida que la imagen agradable se agranda y se hace más brillante, los atrae hacia ella. Literalmente, le da una orientación a la mente: "De aquí, anda para allá". ¡Cuando uno le otorga dirección a la mente, la conducta experimenta una fuerte tendencia a ir en la misma dirección!

Jack, quiero que efectúes algo más. Sube tu mano hasta la boca de la manera que lo hacías cuando te comías las uñas. (Jack sube su mano. Justo antes de que toque su boca, se detiene y la baja a unos centímetros).

Bueno, ¿qué sucedió?

Jack: No lo sé. Mi mano subió, pero en seguida se detuvo. Quería bajarla, pero deliberadamente la mantuve ahí frente a tu petición.

Esta es una prueba conductual. La conducta que llevaba a comerse las uñas ahora conduce a otra parte. Esto es tan automático como lo anterior, pero lo lleva a una parte que le gusta y le sirve más.

Y esto se traducirá en experiencia. Cuando esa mano suba y la compulsión comience en ti, la sensación misma te empujará literalmente en otra dirección. Se convertirá en una nueva compulsión. No es que estarás libre de compulsiones, sino que tendrás la compulsión de ser más de acuerdo a como quieres ser.

A una adicta a los chocolates que ansiaba ser "libre" le apliqué la misma pauta. No quería tener compulsiones porque no calzaban con la forma como ella se veía. Después del tratamiento, no podía mantener en la mente una imagen de los chocolates. Sencillamente desaparecieron. Ahora, al mirar chocolates de verdad, no surge la respuesta anterior. La dirección de su pensamiento es ser atraída por lo que ella misma quiere ser. Es una nueva compulsión. Podríamos bautizar a este patrón "*intercambio de compulsiones*". Le planteé a ella "Ahora sí que estás bien atascada. Sufres la compulsión de no ser capaz de formar esas imágenes", y me contestó "No importa". Realmente no halla objeciones a su compulsividad, sólo quiere que la compulsión opere al modo que ella desea. Esa es verdaderamente la diferencia.

La pauta del chasquido produce un efecto más poderoso que cualquier otra técnica que haya ensayado. En un seminario reciente había una mujer que se quejaba de haber perdido durante once años la batalla contra el cigarrillo. La cambié en menos de once minutos. Incluso yo elegí que poner en la imagen pequeña y oscura de la esquina; obviamente no soy lo que la gente denomina "clínico no directivo". Le ordené que colocara una imagen de sí misma disfrutando decorosamente de que otros fumaran. No estaba dispuesto a crear otro converso evangélico. No quería que se viera a sí misma desdeñando a los fumadores y amargándoles la vida.

Ahora quiero que se junten en pares y prueben esta pauta. Pero antes les daré nuevamente las instrucciones.

**Patrón del chasquido**

1) Identificar el contexto. "Primero identifique donde está su problema. ¿Dónde o cuándo le gustaría comportarse o responder

diferentemente de como lo hace ahora?, ¿Puede elegir algo como comerse las uñas o enojarse con el marido"?

2) Identificar la imagen clave. "Ahora quiero que identifique lo que actualmente ve en esa situación, en el momento justo antes que se manifieste la conducta que rechaza. Puesto que entonces ya muchos han conectado su "piloto automático" puede ayudar el que haga lo que sea que antecede a la conducta, de modo que ustedes puedan ver que y como es". Eso es lo que hice con Jack. Le pedí que moviera su mano hacia la cara y usara esa imagen. Puesto que ésta es la clave para una respuesta que disgusta a la persona, debiera haber al menos cierto desagrado asociado con la imagen. Mientras más desagrado, mejor funcionará.

3) Crear la imagen del resultado. "Ahora forme una segunda imagen de como se vería usted diferentemente si hubiese ya logrado el cambio deseado. Quiero que siga ajustando la imagen hasta que produzca una que le resulte realmente atractiva, una que lo atraiga con fuerza". Cuando su compañero fabrique la imagen, quiero que noten su respuesta para asegurarse de que sea algo que en realidad le gusta y le atraiga. Quiero que adviertan cierto resplandor en su cara, signo de que lo que está imaginando, vale la pena. Si no es notable observar alguna evidencia en tal sentido, aguarden hasta que se manifieste, busquen otra imagen.

4) Chasquido. Ahora "chasquee" las dos imágenes. Comience viendo la imagen clave, grande y brillante. En seguida forme una imagen pequeña, oscura, del resultado en la esquina derecha abajo. La pequeña imagen oscura crecerá, se hará brillante y cubrirá la primera imagen, la que se oscurecerá y se achicará tan rápido como usted pueda decir "chasquido". En seguida borre todo lo que hay en la pantalla o abra los ojos. Repita este proceso cinco veces. Asegúrese de borrar la pantalla al finalizar cada chasquido. 5) Prueba.

a) "Ahora forme la primera imagen... ¿Qué sucede?". Si el chasquido ha sido efectivo, le resultará difícil formar esa imagen. La imagen tenderá a desvanecerse y a ser reemplazada por la segunda imagen aquella que indica como le gustaría ser.

b) Otra posibilidad es la comprobación conductual. Encuentren una forma de crear las claves que se representan en la imagen de su compañero. Si esa imagen es la de la propia conducta, como sucedió con Jack, pídanle que lo haga. Si esa imagen es la de otra persona ofreciendo un chocolate o un cigarrillo, o gritando, entonces quiero que ustedes hagan eso con su compañero y observen como reacciona. Si la conducta antigua aún está ahí al efectuar la comprobación, retrocedan y repitan nuevamente todo el proceso. Vean si pueden imaginar que se les quedó afuera, o que otra cosa pueden incluir para que el proceso funcione. Les estoy detallando una versión muy simple de un patrón mucho mas general. Sé que algunos tienen preguntas, pero quiero que experimenten esto antes de responder las preguntas. Después que lo hayan intentado, sus consultas resultarán mucho mas interesantes. Tomen quince minutos cada uno. Adelante.

Mientras recorría la sala, vi que muchos tuvieron éxito. No hablemos de ello, a menos que hayan aparecido dificultades y hayan improvisado algo interesante que permitió que funcionara.

Quiero escuchar sobre todo cuando no les funcionó el proceso.

Amy: Quiero dejar de fumar. Pero cuando realizamos la comprobación, aún sentí ganas de fumar.

OK. Descríbeme tu primera imagen.

Amy: Me veo con un cigarrillo en la boca y...

Alto. Es muy importante que no te veas a ti misma en esa primera imagen, y que te veas en la segunda. Ese es un factor esencial que determina que el chasquido funcione. La primera imagen debe corresponder a una imagen asociada de lo que ves con tus propios ojos cuando comienzas a fumar: tu mano alcanzando un cigarrillo, por ejemplo. Si ves tu mano con un cigarrillo en ella, ¿te sientes impelida a fumar? ¿O es la visión de los cigarrillos? Lo que sea, quiero que formes una imagen de lo que sea que preceda al fumar. Podría ser coger un cigarrillo, encenderlo, traerlo hasta tus labios o cualquier otra cosa. Prueba el proceso con esa imagen y cuéntanos que pasa.

Hombre: ¿En qué libro aparece este proceso?

En ninguno. ¿Para qué iba a enseñarles algo que figura en un texto?, ustedes son adultos y pueden leer. Siempre he pensado que es una idiotez que alguien escriba un libro y en seguida organice un seminario para resumírselo a la gente. Pero muchas personas hacen exactamente eso y algunos incluso ganan muchísimo dinero con ello; de donde se desprende que es útil.

Mujer: En varias de las primeras técnicas de PNL se sustituía con una nueva conducta específica. Pero en ésta, uno ve tan sólo la manera en que sería diferente si cambiara.

Efectivamente eso es lo que faculta que esta pauta resulte tan creativa. Mas que sustituir una conducta específica, se está creando una dirección. Están recurriendo a lo que a menudo se le llama la "autoimagen", un motivador muy poderoso, para determinar tal dirección.

Cuando viajé en enero a Toronto, una mujer me planteó que le tenía fobia a los gusanos. Ya que Toronto permanece helado la mayor parte del año, no creí que eso fuera un problema muy grave. Por ende, le dije "¿Y por qué no los evitas sencillamente?". Me contestó "Bueno, es que eso no calza con la manera como me veo a mí misma". Ese desajuste la motivaba muy fuertemente, incluso si la fobia a los gusanos no constituía un problema práctico para ella. No era siquiera lo que denominó "fobia candente". Era una fobia "¡Ahh!". No alcanzaba a ser una fobia "¡AAHHGG!". No había puesto aún su cerebro en la dirección correcta, pero esa imagen de sí misma seguía intentándolo. Así es que por supuesto le pregunté "Si concretaras este cambio, ¿cómo te verías de diferente?". La efectividad de este patrón depende en forma muy importante de obtener una meta, les impulsa en una dirección determinada. Si se vieran haciendo algo en particular, sólo programarían en esa nueva elección. En cambio, si se observa como una persona con diferentes cualidades, esa nueva persona podrá generar muchas posibilidades específicas nuevas. Una vez que se fija la dirección, la persona comenzará a generar conductas específicas más rápido de lo que puede creer.

De haber usado con ella el proceso convencional para las fobias, no le importarían nada los gusanos, ni siquiera los notaría. Obtener que alguien se desentienda de algo es demasiado fácil, y hay suficiente de ello en el mundo. Si le hubiese instalado una conducta específica, como por ejemplo recoger gusanos, ella sería capaz de hacerlo, pero ninguno de tales cambios es particularmente profundo en términos de la evolución personal de esta persona. Me parece que se pueden experimentar cambios aún más interesantes.

Mediante el chasquido fijé en ella una dirección de modo que es atraída por esa imagen de ella misma como más competente, más feliz, más hábil, gustándose más y, lo que es más decisivo, capaz de creer que puede hacer cambios rápidamente y en la forma que lo desea.

Mujer: Creo que comprendo eso, pero estoy tratando de armonizar esto con algunas de las técnicas de anclaje de la PNL que aprendí antes. Por ejemplo, hay una técnica en la que uno forma una imagen de cómo le gustaría ser, enseguida entra en ella para sentir las sensaciones kinestésicas y entonces se ancla tal estado.

Correcto. Esa es una de las técnicas antiguas. Tiene ventajas e inconvenientes. Si alguien logra una representación interna realmente detallada y precisa, se podrá crear una conducta específica que funcionará muy bien. Pero si sólo forma una imagen de cómo quisiera ser, y se mete dentro de ella para sentir cómo sería estar ahí, eso no significa necesariamente que usted esté ahí con cualquier cualidad, o que haya aprendido algo en el camino. Es una excelente manera de construir un autodelirio, aparte de que no brinda ningún otro lugar al cual ir.

Una infinidad de personas van donde los terapeutas, cuando son incompetentes en lo que hacen, pidiendo sentirse más seguros de sí mismos. Esta falta de confianza puede constituir una retroalimentación exacta de sus habilidades. Si emplean el anclaje para que alguien se sienta confiado, esa sensación podrá permitirle hacer cosas que en el fondo ya podían hacer, pero que no tenían confianza suficiente para intentarlas. Esto incrementará también sus habilidades. Pero puede crear sobre confianza, alguien que aún es incompetente ¡y no lo nota! Hay mucha gente así en el mundo, y a menudo se revelan peligrosamente para los demás y para ellos mismos. Durante años me ha llamado la atención aquella gente que recurre a su terapeuta para que le mejore su seguridad en sí misma, pero jamás he escuchado de un cliente que le pida a su terapeuta ser más competente en lo que hace. *Podrán cambiar a alguien de modo que llegue a creer que es el mejor en alguna actividad, aunque no pueda desempeñarse bien.* Cuando una persona actúa con seguridad, generalmente convence a muchos otros para que confíen en sus fantasmales destrezas. Nunca ha dejado de sorprenderme cuanta gente estima que si un "experto" procede con seguridad, debe saber lo que está realizando. Me imagino que, puesto que van a adquirir una falsa sensación de seguridad, bien vale la pena que al mismo tiempo desarrollen cierta competencia.

¿Dónde está Amy? ¿Pudiste lograr el chasquido con la nueva imagen?

Amy: Sí.

¿Cuánto tardaste en repetirlo cinco veces?

Amy: Realmente poco.

Pensé eso. Quiero que lo hagas de nuevo más rápido. Debiera tomarte sólo uno o dos segundos cada vez. *La velocidad es un elemento sustancial en esta pauta. Los cerebros no aprenden despacio, sino rápido.* No voy a dejarte boicotear el proceso para que después vuelvas y digas "Oh, no funcionó". Hazlo ahora. Te observaré. Abre tus ojos bien abiertos después de cada chasquido.

Ahora forma la primera imagen. ¿Qué sucede?...

Amy: Se va ahora.

¿Quieres un cigarrillo? (Le ofrece una cajetilla de cigarrillos).

Amy: No gracias.

¿Está ahí la compulsión?, No me importa si fumas o no. Quiero saber si esa urgencia automática está o no ahí. Hace algunos minutos señalaste que sentías ganas de fumar.

Amy: No me siento inclinada a fumar ahora.

Toma los cigarrillos. Saca uno y tenlo entre los dedos. Míralos, juega con ellos.

*Cuando hagan cualquier trabajo de cambio, no lo dejen sin comprobar. Incluso llévenlo a un extremo en la prueba.* Los sucesos en el mundo van a provocarlo, de modo que pueden inducirlo ahora para certificar de inmediato si resultó o no. Así se puede intervenir al respecto. La observación de las respuestas no verbales. (Amy huele los cigarrillos y su expresión facial cambia rápidamente). ¡Huy, ahí está de nuevo! El aroma de los cigarrillos reactivó la compulsión. Hay que retroceder y repetir el chasquido, añadiendo ahora el aroma. En esa primera imagen, cuando alguien te ofrezca un cigarrillo captarás el aroma. Y en la segunda imagen, te verás a ti misma satisfecha de que puedes olerlos y no sentirte impulsada a fumar. Hazlo de esa forma.

Esto se llama ser cabal y riguroso. Un matemático no obtiene una respuesta y proclama "Estoy listo". Comprueba sus resultados con todo cuidado, porque de lo contrario ¡otros matemáticos lo harán! Esa clase de rigor ha faltado siempre en la terapia y la educación. La gente ensaya algo y enseguida planifica un seguimiento de dos años para averiguar si resultó o no. Si se comprueba rigurosamente, pueden descubrir de inmediato para qué sirve una técnica y para qué no. Y donde descubran que no sirve, deben inventar otra tecnología.

Lo que he exhibido aquí es una versión simplificada de un patrón de chasquido más general. E incluso así, algunos se perdieron y confundieron. *Otra manera de ser riguroso y consistente es aplicar chasquidos en todos los sistemas.* Claro que es mucho más económico centrarse en el sistema visual, y enseguida comprobar estrictamente para descubrir qué otra cosa se necesita agregar. A menudo no es imprescindible agregar nada. O la persona no lo necesita o ella lo agrega sin darse cuenta. Amy ¿qué pasa cuando hueles un cigarrillo?

Amy: Es diferente. Me es difícil precisar como es diferente. Ahora cuando lo huelo, quiero dejarlo en vez de fumar.

*Los cerebros no aprenden a obtener resultados: aprenden a ir en direcciones.* Amy ha aprendido un conjunto de conductas: "¿Quieres un cigarrillo?" - "Sí" -. Lo enciende y aspira. Las sillas no pueden aprender eso. Es un gran éxito aprender algo así tan cabal y rigurosamente que durante años nadie pudo influir en él. Ella ha usado esa misma habilidad para aprender a ir en otra dirección.

Cuando comienzan a usar su cerebro para conseguir que proceda será del modo que ustedes quieren, deben dirigirlo rigurosamente en la dirección en que quieren que vaya, y necesitan hacerlo por anticipado. La desilusión no es lo único que exige una planificación adecuada. Todo lo demás también lo requiere. Sin una planificación adecuada uno se ve compelido a cosas que no quiere hacer a mostrarse a sí mismo malos recuerdos luego ponerse mal, tramar estupideces que destruyen su cuerpo, gritarle la gente que aprecian, actuar como un ratón temeroso cuando están llenos de rabia.

Todos estos fenómenos se pueden cambiar, pero no mientras se hallan en la situación. Pueden reprogramarse a sí mismos después, o cabe reprogramarse de antemano. *Los cerebros no fueron diseñados para obtener resultados; aprenden a ir en direcciones. Si conocen cómo funciona su cerebro, podrán fijar sus propias direcciones. Si lo ignoran, otra persona se encargará de manejarles su propia cabeza.*

Lo que les he enseñado recién es lo que hago con frecuencia en un seminario de uno o dos días. La pauta "standard" del chasquido es algo que cualquiera puede tomar y usar, y casi siempre resultará. Pero no me certifica una comprensión competente de lo que es el patrón subyacente al proceso. Si le entregas a cualquiera un libro de cocina, puede preparar una torta. Pero si le dan un libro de cocina a un chef, elaborará un producto superior. Un chef talentoso sabe detalles sobre la química de la cocina que guían lo que hace y como lo hace. Sabe lo que las claras de huevo están aportando, cuál es su función. Para un chef, no es sólo asunto de juntar un montón de ingredientes y batirlos. Sabe que algunas cosas cuajan con una cierta consistencia, que ciertas cosas deben agregarse en un orden determinado, y que otros ingredientes se relacionan con el cambio del sabor.

Esto mismo es lo que acontece cuando comiencen a usar la pauta del chasquido. Como un primer paso para graduarse de chef, deseo que empleen este patrón nuevamente, y descubran que pasa si varían un sólo elemento. La última vez usamos las submodalidades de tamaño, brillo y asociación/disociación como los elementos que cambian cuando una imagen sustituye a la otra.

Dos de estos elementos, tamaño y brillo, cambian continuamente dentro de un rango determinado. Cualquier cosa que puede cambiarse gradualmente constituye una variable analógica. La asociación-disociación es lo que llamamos una variable digital, porque es uno o lo otro asociado o disociado. La asociación-disociación será siempre un elemento del chasquido. Los otros dos elementos analógicos pueden ser cualesquiera que surtan un efecto poderoso en la persona.

Esta vez quiero que mantengan todo igual, excepto que recurrirán a la distancia en vez del tamaño. La primera imagen será brillante y cercana. La segunda será al principio oscura y lejana, y enseguida se acercará a medida que se ilumina, mientras que la primera imagen retrocede en la distancia y se oscurece. Este es un pequeño cambio, y a algunos de ustedes no les parecerá muy distinto de lo que ya han hecho, puesto que el tamaño y la cercanía se relacionan directamente. Pero es un paso hacia la utilización del chasquido de una manera más general y flexible. Tomen otros quince minutos para practicar el cambio con la distancia como submodalidad en vez de tamaño.

¿Marcó alguna diferencia para ustedes el uso de la distancia en vez el tamaño? Pueden introducir cualquier diferencia de submodalidad para hacer el chasquido, pero sólo funcionará bien si las diferencias son subjetivamente poderosas para la persona con la cual están trabajando. El brillo y el tamaño son poderosos para la mayoría de las personas, de modo que la versión que les enseñé primero les resultará muy a menudo. La disociación es otra submodalidad importante para muchas personas, por eso les dije que la ensayaran. Pero si el tamaño, brillo y distancia no son decisivos para la persona, hay que averiguar qué submodalidades la impactan y enseñarle un chasquido especial para esa persona.

Un par de años atrás atendí a tres clientes para una sesión de video ver (Ver Apéndice II). El primer cliente era una mujer que sufría de "pérdida anticipatoria". ¡Me encantan los nombres que inventan para describir como se confunde la gente! Lo que pasaba era que se ponía de acuerdo en encontrarse con alguien cercano a ella, y esa persona se atrasaba media hora, le venía lo que llamaba un ataque de pánico. Cuando le pregunté qué le gustaría obtener de la sesión, esto es lo que me explicó:

"Tengo un problema con un miedo que a veces casi me incapacita completamente. Cuando me asalta, como que entro en un verdadero ataque de pánico. Me gustaría poder distanciarme, de manera que cuando esté en la situación no experimente el miedo hasta el grado en que me afecta, y así podría controlarme y adoptar mejores decisiones."

Puesto que habló de "distanciarse", me dio una clara indicación de que la distancia era una submodalidad importante para ella. También habló mucho de la gente que se encontraba "cerca" y de "amistades cercanas". Después, refiriéndose a lo que hacía cuando alguien se atrasaba, dijo "Necesito permitirles cierta distancia, es decir, darles más tiempo". Con esta mujer, un chasquido que involucre la distancia será mucho más poderoso que uno que use el tamaño. De hecho, usé el chasquido standard -con tamaño- para averiguar si funcionaría. Causó muy poco impacto. Enseguida usé como submodalidad la distancia, y funcionó a la perfección.

La cuestión fundamental para efectuar el chasquido de manera tan artística es recolectar cuidadosamente la información que necesitan y prepararlo adecuadamente. Cuando alguien habla por ejemplo de ser "más grande que la vida" o estar "desproporcionado", nos está dando una buena clave en orden a que el tamaño es una variable importante.

Si alguien describe una limitación que procura cambiar, requiere capacidad para prestar atención a como funciona este problema en particular. *Siempre parto de la base de que todo lo que alguien ha hecho es un logro, no importa cuan estéril o doloroso pueda ser.* ¡Las personas no se están quebrantando, funcionan perfectamente bien! La pregunta capital es "¿Cómo están funcionando ahora", para ayudarlos a funcionar del modo que les resulte más grato y útil?

Una de las cosas que he inventado para obtener la mayor cantidad de información posible es plantearle al cliente "Bueno, supongamos que lo reemplazo por un día. Una de las características que necesitaría es mostrar su misma limitación. ¿Cómo lo puedo hacer? Tienes que enseñarme a tener este problema". Como parto de la base que incluso esta limitación es un logro -algo aprendido que puede ser enseñado a otro- ello cambia enteramente el estilo en que la persona es capaz de tratar con y pensar sobre la dificultad o limitación.

Cuando le pedí a la mujer que sentía pánico ante el atraso de otro que me enseñara cómo hacerlo para aprenderlo, me detalló:

> Uno comienza diciéndose a sí misma frases como "Están atrasados, puede que nunca lleguen".

¿Expresas eso con un tono de voz aburrido -"Oh, humm?

No. La voz parte lentamente, "Dales otra media hora". Enseguida se acelera a medida que el tiempo transcurre.

¿Elaboras imágenes?

Sí. Veo una imagen de la persona quizás en un accidente, como si estuviera ahí mirando, con un zoom. Otras veces miro alrededor con mis propios ojos al mundo, y no hay nadie.

Así es que en el caso de ella una voz se acelera y sube de tono a medida que el tiempo pasa. En un cierto momento la voz sentencia; "Nunca vendrán", y produce imágenes cercanas, con lentes de zoom, de la persona en un choque en la autopista o de ella sola.

Al pedirle que intentara formar la imagen del accidente, descubrí que, el empleo del zoom poseía un efecto muy fuerte. Cuando ensayé el brillo, me dijo "La oscuridad crea distancia". Eso me advierte que el brillo también es un factor digno de evaluar.

Ahora quiero que se junten con alguien y le pidan que piense en una limitación, algo que esa persona considera un problema y que desee cambiar. Esta vez no quiero que lo arreglen; sólo me basta con que descubran como funciona ese logro. Usen el marco de "Digamos que tuviese que sustituirte por un día. Enséñame qué hacer". Operen del mismo modo que cuando descubrieron como una persona se motivaba para efectuar algo.

Cada vez que alguien se siente compelido a hacer algo que detesta, algo dentro de sí debe amplificarse hasta cierto punto. Algo tiene que agrandarse, o volverse más brillante o más fuerte, o cambia el tono, o se acelera o aquieta. Quiero que descubran como cada persona en particular logra su limitación. Primero pregúntenle ¿cuándo lo hace, y enseguida cómo lo hace?, ¿qué elemento en su interior impulsa su respuesta? Cuando crean que han identificado las submodalidades cruciales, pruébenlo diciéndole a su compañero que las haga variar una por una y observen como cambia su respuesta. Enseguida pídanle que tome una imagen diferente y que nuevamente varíe las mismas submodalidades, para ver si esto cambia de la misma manera su respuesta a la otra imagen. *Averigüen lo suficiente de cómo funciona la limitación de esta persona, de modo que pudieran desarrollarla para ustedes mismos, si se lo propusieran*. Cuando tengan la información, ésta les aclarará precisamente como cambiar a esta persona en particular. No lo hagan, tan sólo junten la información. Tómense una media hora.

Hombre: Mi compañero posee dos imágenes que representan dos diferentes estados: deseable e indeseable. En uno de ellos ve movimientos bruscos y saltones, y en el otro los movimientos son suaves y armoniosos.

OK. ¿Estas dos imágenes son las que crean y mantienen lo que él estima que es la dificultad? Esa era mi pregunta. Todavía no les he consultado acerca de dónde quiere ir la persona; sólo me interesa como crea la dificultad. Con la mujer con ataques de pánico, ella va del estado de "Oh, hum" al estado de pánico. Comienza con una voz e imágenes. Enseguida consigue que la voz sea más rápida y aguda, y la imagen se acerca y acerca a medida que transcurre el tiempo.

Hombre: Mi compañero experimenta una sensación de...

Por supuesto. Así se manifiestan las compulsiones. Pero, ¿cómo hace él esa sensación? ¿Cuál es la submodalidad crítica? En esencia, lo que ustedes quieren pesquisar es "¿Cómo es que esta persona cambia de un estado de conciencia a otro?"

Hombre: Lo que lo torna diferente para él es que envuelve la imagen y la observa desde sus propios ojos.

Bien. Así es como se mete en el estado que le desagrada.

Hombre: Sí. Primero se pone en ese estado, y enseguida se disocia saliéndose de él, colocándolo a su izquierda, lejos de sí, y se para a una distancia de un par de metros.

OK. Entonces la asociación-disociación es la submodalidad crítica. No hay muchas elecciones, por tanto; vamos a encontrar alguna reiteración. ¿Qué otras submodalidades críticas hallaron los demás?

Mujer: El ancho de la imagen, junto con el brillo, resultaron ser críticos. Cuando la imagen se estrechaba y oscurecía, ella se sentía constreñida.

Eso parece lógico. Si obtiene imágenes delgadas, se siente constreñida.

Mujer: Ella elaboró una especie de sinestesia.

Todo esto funciona por sinestesias. Es con la sinestesia que estamos experimentando. Reflexionen un poco. Cuando cambia el brillo de una imagen, cambia la intensidad de sus sentimientos. Son todas sinestesias. Lo que queremos saber es como se vinculan, de manera que podamos usar esa relación para construir un chasquido.

Lo que ustedes necesitan a fin de montar un chasquido para ella es saber si la estreches de cualquier imagen causa o no que su respuesta sea más fuerte. Puede ocurrir que use la palabra constreñida, porque no le gusta la opción particular con que queda con esa imagen. Si ve una opción que le gusta y la imagen se estrecha, ella podrá describir la sensación como "con propósito" o "comprometida". Si el estrechar y oscurecer provocan que su respuesta sea más fuerte, pueden construir un chasquido partiendo con una imagen del "estado del problema" oscura y angosta, que se ensancha y abrillanta a medida que la imagen del estado deseado se torne más angosta y oscura. A la mayoría esto le sonará extraño, pero recuerden que el cerebro de cada uno está codificado y organizado en forma algo diferente. Lo que permite que el chasquido resulte ser un proceso realmente elegante, es diseñarlo de modo que un cerebro en particular reaccione a él.

La otra alternativa es que, al conseguir que esa imagen especial de pocas alternativas se estreche, esto aumente la sensación de constreñimiento, pero que al conseguir una imagen del problema se enangostara hasta llegar a ser una línea, y que la imagen de la solución se abriera a partir de la misma línea. De modo que antes de decidir cuál es la mejor manera de diseñar un chasquido para ella, deben retroceder y descubrir más acerca de como funciona.

Les estoy comentando estas posibilidades a fin de que empiecen a comprender cuan importante es ajustar su método de cambio a cada persona en particular. Ustedes quieren llegar a crear una dirección donde a imagen del viejo problema lleva a la solución, y la imagen de la solución crea una respuesta de intensidad creciente.

Hombre: Mi compañera fabricó una imagen con un marco doble -uno blanco y otro negro-, y la imagen está inclinada en vez de permanecer derecha. La parte superior de la imagen se aleja de ella cuando tiene pánico. ¿Qué cambia? En algún momento ella endereza la imagen

¿Si la imagen retrocede en un ángulo y tiene un borde, entonces siente pánico?

Hombre: No, sólo está ahí.

Bien, no está tan sólo ahí. Tiene que provenir de alguna parte. Lo que estamos buscando aquí es qué cambia. Una vez que ella llega a la imagen que describes, siente pánico. Pero la imagen tiene que partir con algo diferente. ¡Espero que ella no sienta pánico todo el tiempo! ¿Cómo llega allí? ¿Se relaciona con el cambio de ángulo de la imagen? ¿O el ángulo está fijo y otra cosa es la que varía?

Hombre: Comienza estando derecho arriba y abajo, y a medida que cambia la situación se inclina.

Así es que a medida que la imagen se inclina, ella lo hace también, cuando llega a un cierto ángulo, la invade el pánico. ¿La imagen presenta borde doble cuando está vertical?

Hombre: Sí.

De modo que el borde no es un elemento crítico, sólo está ahí. ¿Pasa alguna otra cosa cuando la imagen se inclina? ¿Cambia el brillo o algo así? ¿Cambia la velocidad de las imágenes?

Hombre: No. El sonido también se vuelve algo revuelto y timbrante.

¿Estás seguro de que visualmente no cambia nada más?

Hombre: No.

Bien, me alegro de que no estés seguro. Pareciera que sólo la inclinación de una imagen no fuese suficiente. Puedes volver a preguntarle. Haz que tome una imagen de cualquier cosa y la ladee, y vea qué pasa. Si sólo inclinar cualquier imagen es suficiente para que se sienta "desequilibrada" y con pánico, podrías inclinar la primera imagen hasta una línea, mientras que la segunda imagen se endereza hasta la vertical. O podrías inclinar la primera imagen y enseguida girarla totalmente para que mostrara la segunda imagen en el otro lado. ¡Llévala a cabalgar! ¿Has visto los efectos de video en la televisión, en los cuales sale un cuadrado o un cubo y gira en ciento ochenta o trescientos sesenta grados? Al girar termina siendo una nueva imagen. Podrías hacerlo así. ¿Están todos comenzando a comprender cómo pueden explotar esta información para montar un chasquido especialmente poderoso para una persona en particular?

Hombre: El problema de mi compañero era causado por el hecho de que perdió el trasfondo de lo que estaba mirando. Comenzó con un montón de gente en el fondo, y cuando llegó a un sitio crítico se fue el fondo, solo había gente ahí.

¿Fue un cambio de enfoque o de la profundidad del campo?

Hombre: Tan sólo desapareció. Me imagino que quedó fuera de foco. No está ahí.

¿Pero las cosas que están más adelante se ven claras?

Hombre: Están claras, normales; no han cambiado.

¿Es como mirar a través de un lente? Con un lente se puede conseguir que una parte esté clara y la otra borrosa. ¿Es algo así de lo que me hablas?

Hombre: No. Es como si pusiera una máscara sobre todo, excepto la gente implicada, y que todo lo demás desapareciera.

¿Y la gente está parada sobre la nada?

Hombre: Me imagino que las sillas y las cosas en que estaban sentados permanecerían ahí, pero todo lo demás en la pieza desaparece. La concentración aparentemente estaba en la gente.

OK. Pero, ¿sabes cómo se hizo eso, con foco o qué?

Hombre: No lo sé.

Eso es lo que necesitas. Necesitas saber como ocurre la transición, de modo que puedas usar ese método de transición con cualquier imagen.

Mujer: La persona con quien estaba trabajando tenía una diapositiva fija, sin movimiento ni color. Cuando ve por primera vez la imagen, habla con su propia voz, que tiene un tono de rango medio del tipo que dice: "Hummm, no está mal", con el tono subiendo y bajando. Con bastante rapidez la voz cambia y se vuelve monótona y baja. Ahí es cuando se siente mal.

¿Se mantiene constante la imagen? ¿No cambia nada? Encuentro difícil creer que mientras el tono y velocidad del lenguaje cambia, la diapositiva se mantenga constante -que el brillo o cualquier otro factor no varíe porque simplemente no lo he encontrado nunca. Eso no implica que sea imposible, pero lo presumo muy poco probable. Lo auditivo puede ser dominante, pero generalmente algo más cambia junto con la voz.

Supongamos que está mirando una imagen y se habla a sí mismo de un lado a otro cambiando el tono de la voz. Eso funcionará. También necesitarás otro parámetro auditivo si vas a efectuar un chasquido auditivo. Probablemente el ritmo cambiará. Casi siempre habrá más de un parámetro que cambie.

Hombre: Si estás buscando otra variable, y puedes obtener una en una modalidad, de modo que tuvieras una submodalidad visual y otra auditiva, ¿funcionaría esa mezcla?

Quizás, pero la mayoría de las veces no lo necesitarás. Podrías hacerlo si realmente no pudieras encontrar una segunda modalidad en el mismo sistema. Enfatizo en el sistema visual porque responde a que posee propiedad de la simultaneidad. Uno capta fácilmente dos imágenes a la vez. El sistema auditivo es más secuencial. Es difícil poner atención a dos sonidos al mismo tiempo. Puedes planificar un chasquido auditivo, pero hay que proceder de manera distinta. Si aprendes a ser preciso en el sistema visual, entonces cuando comiences a trabajar con el canal auditivo resultará más fácil adaptarte.

Hombre: La razón por la cual pregunté es porque con mi compañera la imagen cambia, pero también al meterse ella en la imagen se oye a sí misma. Me pregunto si al hacer el chasquido no sería como remacharla si agregara algo auditivo.

Sí. "remacharla" es una buena forma de interpretarlo. El realizar un chasquido con sólo una submodalidad, es como clavar dos tablas juntas, un buen cerco tiene clavos o remaches en dos direcciones a la vez. Si tiras hacia un lado los otros hacen la fuerza, y si tiras al otro lado el segundo conjunto de clavos interviene. De ahí la importancia de usar dos submodalidades poderosas al mismo tiempo cuando hacen el chasquido. La gente por lo general no varía más de una submodalidad por sí misma, y ustedes tienen que variar al menos dos simultáneamente.

Si han preparado un chasquido visual y hay también componentes auditivos, la persona típicamente les demostrará los cambios auditivos en forma inconsciente mientras les cuenta sobre las dos imágenes. Entonces mientras ustedes le están diciendo que forme las imágenes, pueden hacer los cambios auditivos externamente, con su propia voz, sin mencionarlos. A fin de conseguirlo, necesitan ser capaces de imitar la voz de la otra persona.

La destreza para copiar la voz de otra persona es un simple asunto de práctica, y algo que vale la pena aprender estando en este negocio. Después de un tiempo descubrirán que no tienen que imitar perfectamente a alguien; tan sólo bastará con que capten algunas características distintivas. Necesitan lo suficiente, de modo que si imitan la voz de alguien y no note si está hablando él o ustedes. Es el viejo cuento de "Bueno, me fui para adentro y me dije...". Yo solía hacerlo en mis talleres y muy poca gente se percataba.

Enseguida, quiero que obtengan la segunda imagen de como él se vería a sí mismo diferente si no adoleciera ya de su limitación. Esta imagen deberá ser disociada, y la primera imagen será siempre asociada. La asociación en la primera y la disociación en la segunda, constituirán siempre un elemento del chasquido.

Luego, construirán un chasquido fundado en las dos submodalidades analógicas que han identificado como importantes (en vez del tamaño y brillo que usaron en el chasquido standard). Primero consigan que su compañero forme una imagen asociada de las claves, usando cualquier submodalidad que suscite una respuesta fuerte (una imagen grande, brillante). Entonces hagan que su compañero forme una imagen disociada de sí mismo de como le gustaría ser, comenzando con el otro extremo de las mismas submodalidades (una imagen pequeña, oscura). Cuando hagan el chasquido las submodalidades cambiarán, debilitando rápidamente la respuesta a la primera imagen, al mismo tiempo que reforzarán la respuesta a la segunda imagen. Vuelvan en una media hora.

Quiero que todos vuelvan a la misma persona con quien estuvieron trabajando hace un rato, y descubran una o dos submodalidades analógicas esenciales para crear la limitación. Algunos de ustedes ya manejan esa información, pero muchos aún no.

Lo que han ensayado es la base para usar el chasquido en forma artística y precisa. Siempre podrán recurrir al chasquido standard. Si no resulta, prueben con uno diferente y continúen hasta que encuentren el que funcione. Esto es ciertamente mejor que desistir. Pero es incluso mejor recoger la suficiente información, a fin de que sepan exactamente que están haciendo y puedan predecir lo que resultará y no resultará. ¿Hay algunas preguntas?

Hombre: ¿Qué haces con un cliente que no tiene mucha capacidad de darse cuenta de sus procesos internos?

Cuando le pregunto a ciertos clientes cómo elaboran las cosas en su interior, se encogen de hombros y me dicen sencillamente "No lo sé".

Hay varias posibilidades. Una es seguir preguntando hasta que presten atención a su interior. Otra es preguntar mucho y leer las respuestas no verbales de sí-no. Pregunten "¿Estás hablando contigo mismo?", y observen en su cara y postura la respuesta justo antes de la respuesta verbal de "No lo sé". Son las respuestas ideomotoras que usan los hipnotistas.

Otro camino es recrear la situación-problema y observar la conducta de la persona. Todos los cambios de submodalidad se expresan en alguna conducta externa. Por ejemplo, cuando alguien abrillanta una imagen internamente su cabeza rota hacia atrás y arriba, pero cuando la figura en una imagen se acerca detenidamente, la cabeza se mueve recto hacia atrás. Si observan a la gente cuando pidan cambios de submodalidad, podrán calibrar los cambios conductuales que llamamos "claves de acceso a las submodalidades". Entonces cabe usar esos cambios para determinar lo que alguien está haciendo en su interior, incluso si él no se percata de ello. Siempre uso esta calibración como una forma de ratificar si el cliente está cumpliendo con lo que le pido.

Como todo lo demás en PNL, mientras más conozcas como funciona el cambio, y mientras más calibrado estés a las respuestas conductuales, mayor posibilidad tendrás de desenvolverte en forma encubierta. Por ejemplo, de pronto una persona debe practicar el chasquido unas cuantas veces. Le puedes pedir que lo haga una vez, y enseguida preguntarle "¿Lo hiciste bien?". A fin de contestar, tendrá que repetirlo. Luego puedes preguntar "¿Estás seguro de que salió bien?", y lo habrá hecho otra vez. También procederá más rápida y fácilmente de ese modo, porque no está tratando de lograrlo conscientemente.

Mujer: ¿Existen estudios de seguimientos largos sobre la efectividad de este método?

Me interesan mucho más los estudios de seguimiento de 20 minutos. La única justificación de un seguimiento largo es la duda de si la persona cambió o no en tu consultorio. Piensen en esto: si ustedes produjeron un cambio en alguien y el cambio prosigue por 5 años, ¿qué prueba eso? No aclara nada sobre si este cambio es válido o no, o si podrías o no haber evolucionado más. Vean, el lograr que una mujer supere su fobia a los gusanos o que se esfume la compulsión de comer chocolates, no es algo en sí muy profundo, incluso si dura el resto de su vida. *Lo importante de comprender es que la pauta del chasquido coloca a la persona en una dirección creativa y evolutiva.* Cuando he optado por seguimientos de largo plazo, lo corriente es escuchar que el cambio inicial fue la base de todo tipo de cambios con los que ahora están contentos. *El chasquido no le inculca a la gente como comportarse; los mantiene en el camino y en la dirección para ir hacia donde quieren. Para mí, el implantar tal dirección es lo más trascendental del cambio.*

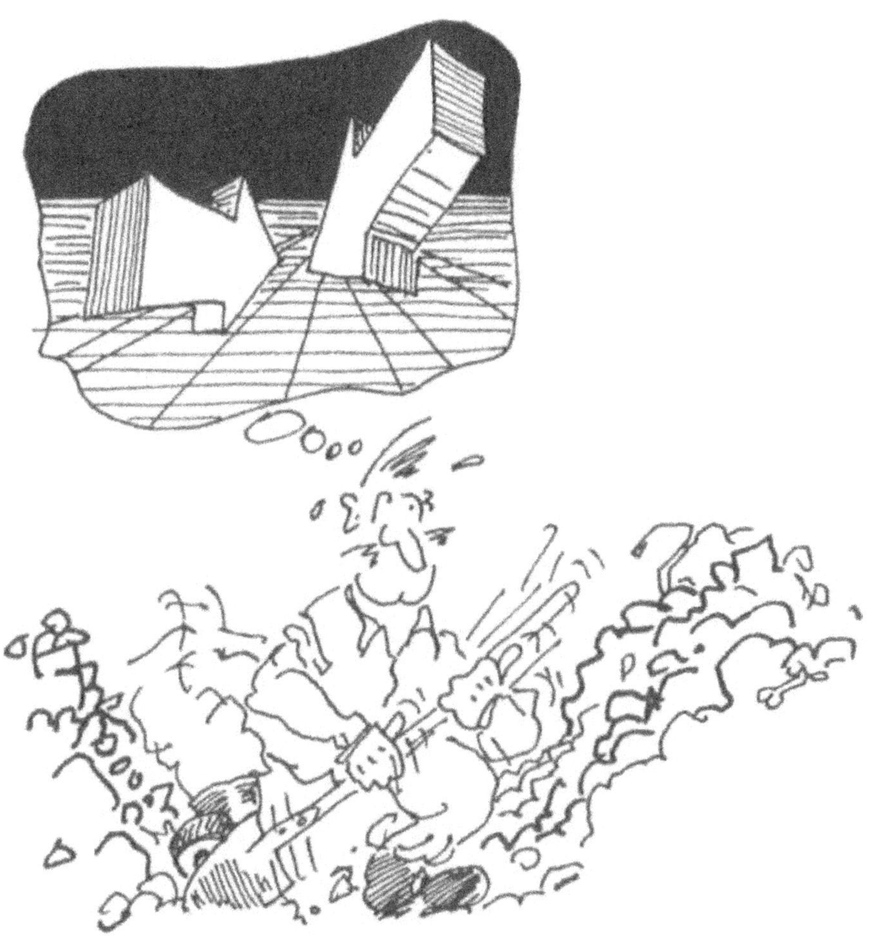

**Epílogo**

Hay algo que marca más que nada cuando alguien sabe de qué se trata la PNL. No es un conjunto de técnicas, sino una actitud. Esta actitud se relaciona con la curiosidad, con querer enterarse de las cosas, con decidir influenciarlas de manera que valga la pena. Todo puede cambiarse. Eso lo dijo Virginia Satir la primera vez que la vi efectuar un taller, y es absolutamente cierto. Cualquier físico lo sabe. Cualquier ser humano puede cambiar con un revólver 45 (lo que se llama "co-terapia con los señores Smith y Watson"). Que el cambio resulte útil o no, es ya una pregunta más interesante.

La tecnología de lo que han aprendido aquí es bastante poderosa. El asunto de cómo y para qué la usarán, espero que lo consideren muy cuidadosamente, no como una carga, sino con la curiosidad de descubrir que es lo que importa y merece la pena. Las experiencias más benéficas en sus vidas, y que les proporcionan la base para sentir placer, satisfacción, gozo y felicidad, seguramente no fueron siempre gratas en el momento en que ocurrieron por primera vez. A veces, algunas de esas experiencias se revelaron muy frustrantes. Confusas otras veces y otras entretenidas por sí mismas. Aquellas experiencias no son mutuamente exclusivas. Tengan eso presente cuando diseñen y proporcionen experiencias a los demás.

Me subí a un avión una vez, para dictar un seminario en Texas. El tipo sentado a mi lado leía un libro titulado "La estructura de la magia". Algo en la cubierta atrajo mi atención. Le pregunté "¿Es usted mago?".

"No. Soy psicólogo".

"¿Y por qué un psicólogo lee un libro de magia?"

"No es un libro de magia, sino una obra seria sobre comunicación".

"¿Y por qué se llama así?

Entonces durante tres horas me explicó sobre que versaba el libro. Lo que me contó no guardaba ningún parentesco con lo que pensé que estaba haciendo cuando lo escribí. En el mejor de los casos la relación aparecía muy borrosa; se perdió en el capítulo dos. Pero mientras se explayaba sobre el libro, le formule" preguntas tales como; "¿Cuan específicamente? y "¿Específicamente, qué"?

"Bueno, si lo mira de esta manera..."

"Si lo mirara de esa manera, ¿qué vera?"

"Bueno, tome esta imagen, usted sabe, y tome la otra imagen. (No sabía que la mayoría de las personas no cuenta con dos imágenes simultáneamente), y achica esta imagen y agranda la otra..."

A medida que comenzó a describir estos fenómenos tan claros para mi, yo pensaba "Guau, esto sí que es raro. Puede caber todo un mundo nuevo en ello".

Me confidenció que iba a Texas para asistir a un seminario de PNL. Cuando me vio aparecer al día siguiente, se alegró de que hubiese seguido su consejo en orden a participar... ¡hasta que subí al proscenio y tomé el micrófono! Lo que no podrá apreciar nunca, probablemente, es que la razón por la que no le confesé "Yo escribí ese libro" al sentarme a su lado estriba en que no quise privarme de la oportunidad de aprender.

Toda vez que crean que han comprendido totalmente, es el momento de irse para adentro y exclamar "Ese chiste es a costa mía". Porque en esos momentos de certeza que ustedes pueden estar seguros de que han instalado en los aprendizajes baladíes, y que la tierra fértil no ha sido explorada. Obviamente siempre hay mucho más que aprender, y eso es lo divertido de la PNL, y su futuro.

Cuando se domina algo tan cabalmente que se puede realizar a la perfección, se convierte en una rutina, sin ninguna diferencia con la administración de un negocio de venta de armas. Podrán abrir una clínica y conseguir que acuda gente y curar fobias, una y otra vez, durante todo el día. No hay diferencia entre eso y cualquier otra rutina. Sin embargo, cuando cada una de esas personas entre, podrían comenzar también a investigar cómo hacer que fuera más valioso y más interesante que curar a alguien para que no se aterrorice en los ascensores. ¿Por qué no aspirar conseguir que incluso disfrute al andar en ascensor? ¿Por qué no imaginar cómo se fabrican las fobias, y generar fobias útiles? ¡Hay algunas cosas contra las que es importante sentir fobia! ¿Tiene usted el hábito de gastar compulsivamente? ¿Hábitos de violencia? ¿Hábitos de gula? ¿Qué parece una fobia a quedarse estancado y estar aburrido? Esto podría impulsarlo a nuevos y apasionantes parajes.

Cada vez que viajo para dictar un seminario, siempre arribo al hotel la noche anterior. Recién, cuando fui a Filadelfia, había un grupo de programadores neurolingüísticos "avanzados" en el mismo hotel, y la mayoría no me ubicaba. Cuando bajé al bar, uno de ellos le decía a un colega "Espero que sea algo más que esa cuestión de las submodalidades, que ya me sé eso". Así es que por supuesto caminé hacia él y le pregunté "¿Qué demonios es la PNL?" "Eso es difícil de explicar".

"Bien, usted hace PNL, ¿verdad? ¿La comprende?

"Sí, por supuesto".

"Bueno, yo soy una persona sencilla. Puesto que usted es un experto, ¿me podría explicar? Adelante, le compro un trago y me interioriza de todo".

Ni en sus más locas fantasías imaginó cómo se iba a sentir a las 9:30 de la mañana siguiente cuando subí al proscenio. Tampoco supo que me enseñó en el bar más que lo que yo le enseñé durante los tres días siguientes.

Me gustaría que consideren la posibilidad de convertir todo en un seminario introductorio, en el sentido de que nunca aprenderán tanto como para perderse las demás cosas que hay más allá. Demasiado a menudo, la gente olvida como no saber. Dicen "Ah, sí, esto me suena como..." "Es lo mismo que..." "Sí, ya me aprendí toda esa cuestión de las submodalidades el año pasado". Yo no me he aprendido todo aún, así es que si lo aprendieron todo el año pasado me gustaría que me lo dijeran, ¡de modo de librarme de trabajar tanto para imaginarlo!

Esta es la gigantesca diferencia que hay entre aprender alguna cosa y descubrir lo que queda aún por aprender. Esta es la diferencia que hace la diferencia. Hay cosas que sé hacer, las cuales ellos ni sospechan. Pero lo contrario también es verdad. Puesto que todo el mundo utiliza submodalidades, todos obtienen cosas interesantes con ellas. Puede que ignoren conscientemente como operan, pero igual son capaces de moverse y de usar configuraciones únicas. Cuando llegan clientes y uno les pregunta "¿Cómo es que se halla mal?", de hecho; contestan tal pregunta. Pero no se olviden de que están tan bien "mal" ¡que pueden generar su problema una y otra vez! Esto les recordará siempre que es un logro, no importa cuan trivial, desagradable o repulsivo éste sea.

*La capacidad de fascinarse por la complejidad de ese logro, distingue a alguien que trabaja de manera creativa del que trabaja de manera curadora o remedial*. Sin ese sentido de curiosidad, no sabrán cómo influenciar esas cosas desagradables, repulsivas o triviales. Sin esa influencia, la gente continuará con guerras por lugares exóticos y por diferencias insignificantes, incapaz de divisar nuevas soluciones en las que todos puedan salir ganando. La esencia del ser *generativo* es crear un mundo en el cual todos ganan, porque hay formas de crear más, en oposición a la existencia de una cantidad limitada porque hay que luchar y sobre la cual enfrentarse.

Todo lo que un ser humano puede desarrollar es un logro, que depende sólo de donde, cuando y para que se utiliza. Cada uno de ustedes puede intervenir al respecto, ya que cada uno va a conducir su propio autobús.

## Apéndice I

## Submodalidades Distinciones.

La siguiente lista no está completa y el orden es irrelevante. ¿Qué distinciones realiza internamente y que puede agregar a la siguiente lista?

**Visual**

| | |
|---|---|
| Brillo | Perspectiva |
| Tamaño | Punto de vista |
| Color / Blanco y negro | Asociado / disasociado |
| Saturación (Colores vivos) | Primer plano / Fondo |
| Balance del color | Contexto |
| Forma | Frecuencia o Número de imágenes (muchas pantallas una sola) |
| Lugar | imagen Panorámica / Enmarcada |
| Distancia | Relación Altura/ anchura |
| Contraste | Orientación (inclinada/ declinada) |
| Claridad | Densidad (pixeles/ saturada) |
| Foco | Transparente / Opaca |
| Duración | Estrobo (objeto girando) |
| Movimiento (foto fija/ película) | Dirección de la luz |

Velocidad

Dirección

3 dimensión / imagen plana

Modo Horizontal / Vertical

Destello

Simetría

Aumento

Textura

**Auditivas**

Tono

Tempo

Volumen

Ritmo

Continuo o interrumpido

Timbre / tonalidad

Digital (palabras)

Asociado o disasociado

Duración

Distancia

Contraste

Campo / figura

Claridad

Número

Simetría

Resonancia con el contexto

Fuente interna / externa

Monoaural / Estéreo

Localización

**Kinestésicas**

Presión

Ubicación

Extensión

Textura

Temperatura

Numero

Movimiento

Duración

Intensidad

Forma

Frecuencia (tempo)

Una manera útil de subdividir lo kinestésico o las sensaciones kinestésicas es la siguiente:

1) Táctiles las sensaciones de la piel

2) Las propioceptiva las sensaciones musculares y otras sensaciones internas

3) La evaluación de las meta- sensaciones con respecto a otras percepciones o representaciones llamadas también emociones sentimientos o kinestésico viscerales, las cuales son usualmente representadas en el pecho, el abdomen o a lo largo de la línea media del torso. Estás sensaciones no son sensaciones a percepciones directas, sino que son representaciones que derivan de otras sensaciones o percepciones.

**Olfativo y gustativo (Aroma y sabor)**

Los términos usados por los Investigadores psicofísicos: dulce, amargo, agrio, salado, quemado, aromático etc; probablemente no serán útiles. El que se intensifiquen o disminuyan, es decir, que cambien la intensidad o la duración de un aroma o un sabor en particular que tu identifiques, es relevante a la experiencia de alguien y pueden ser útiles. Los aromas son anclas muy poderosas para los estados internos.

## Apéndice II

### Video tapes del Dr. Bandler.

Sesiones con cliente: Set 1

Las demostraciones más recientes del Dr. Bandler en su trabajo con clientes están ahora disponibles en estas sesiones de 1987.

Timidez. Un hombre de 40 años recibe ayuda para superar su timidez ante las mujeres. Seguimiento (45 minutos, $50.)

Esquizofrenia paranoide. Richard trabaja con un hombre de 27 años de edad que enfrenta dificultades desde sus 12 años. Richard comienza el proceso enseñándole a como controlar su mente. Una característica especial de esta cinta es que Richard dedica 40 minutos a comentar su trabajo en la segunda sesión. (115 Min., $85)

Inducciones hipnóticas. En un taller de cambio personal de tres días, Richard demuestra inducciones para el Aprendizaje de Habilidades (esquí), Anestesia y Curación (cirugía de nariz) y Pérdida de Peso (dos sesiones). Se incluyen entrevistas de seguimiento para Anestesia y Pérdida de peso. (75 min., 65 $)

El precio del set especial es de 170 $, incluido el envío por correo especial de 4ª clase dentro de EE.UU. Especifique VHS o Beta. También disponible en PAL y SECAM. Los pedidos del extranjero deben pagarse en dólares estadounidenses girados contra un banco estadounidense. Llame o escriba para conocer los gastos de envío fuera de EE.UU. Pedidos a: NLP Comprehensive, 2897 Valmont Rd., Boulder, CO 80301, (303)442-1102.

Sesiones con clientes: Set 2

Richard Bandler demuestra las aplicaciones clínicas de los métodos de la PNL en tres sesiones de media hora con clientes grabadas en vídeo con calidad de estudio. (Las transcripciones de estas sesiones aparecen en su libro La magia en acción. (Magic in Action).

Pérdida anticipada. Una mujer que sufría ataques de pánico cada vez que alguien cercano a ella llegaba tarde a una cita.

Figuras de autoridad. Se ayuda a un joven a superar su miedo a las figuras de autoridad.

Agorafobia. Un camionero de mediana edad se cura de su incapacidad de seis años para salir de los límites de la ciudad en la que vive.

Las tres cintas incluyen seguimiento. El precio de cada cinta es de 75 $, o 150 $ por las tres sesiones en una sola cinta (sólo en formato VHS). Haga los cheques a nombre de Marshall University Foundation (Sin gastos de envío.) Pedidos a: Dra. Virginia Plumley, Marshall University, Huntington, WV 25701, (304) 523-0080.

Utiliza tu cerebro para cambiar

Este conjunto de dos cintas de vídeo de una hora y media de duración se editó a partir de un seminario de introducción a las Submodalidades que tuvo lugar en San Diego a principios de 1987. 177 dólares postpago, sólo en formato VHS.

El arte del flirteo

Richard Bandler y Ann Teachworth enseñan cómo ser amistoso, conocer gente y divertirse más en la vida. Grabado en vídeo en un seminario de fin de semana a finales de 1987. 77 $ portes pagados, sólo en formato VHS.

Pedidos a: NLP Products and Promotions, 13223 Black Mountain Road, #1-429, San Diego, CA 92129, (619) 538-6216.

**Apéndice III**

**Grabaciones del seminario del Dr. Bandler.**

Logros personales:

Editado de un taller de cambio personal de tres días en 1987; donde lo participantes realizan sus solicitudes propias en el camino hacia lograr metas personales o bien obtener información

1. Motivación. Richard trabaja directamente con 8 participantes en distintas solicitudes que conciernen al proceso interno de la motivación que te lleva al logro de algo y que te mantiene realizándolo.
2. Resolviendo Problemas. Richard enseña diferentes ejercicios para hacer que los problemas sean menos importantes y más

interesantes y mucho más divertidos; también trabaja con un participante la lectura de comprensión

3. Cambiando Respuestas. Richard da ejercicios y discute como hacer que los problemas luzcan ridículos y graciosos; como enamorarse y desenamorarse y como alterar la motivación. Además demuestra como trabajar ante una respuesta defensiva y discute el caminar dormido.
4. Cambio personal. Richard da ejercicios para, y / o discute, el patrón de cambio de creencias, el patron swish, autohipnosis, la decepción, utilizando submodalidades para contextualizar el cambio y la motivación.

Juego completo de cuatro cintas de vídeo por 212 $ (un ahorro del 20%).

Cintas avanzadas

Grabaciones avanzadas.

Editadas de entrenamientos avanzados en 1987, estas grabaciones ofrecen una rica experiencia excepcional de los métodos de submodalidades para los alumnos avanzados de PNL.

Submodalidades e Hipnosis

1. Amplificando estados kinestésicos y el trabajo corporal. Richard enseña como utilizar las submodalidades no lineales y su relación para amplificar los estados kinestésicos deseados y estados de acompasamiento al futuro en contextos apropiados, con referencias específicas al funcionamiento sexual. También demuestra su manera única de realizar trabajo corporal que desarrollo a través de las observaciones al trabajo de Moshe

Feldenkrais y otros más. (117 min., $85)

2. Elicitación no verbal y cambio. Demostraciones, discusiones y ejercicios para la utilización de anclas no verbales, presuposiciones y agudeza sensorial para recopilar información sobre submodalidades y realizar cambios ocultos.

3. Presuposiciones e hipnosis. Cómo las presuposiciones cambian las submodalidades, y el uso directo de cambio de submodalidades para inducir estados alterados

4. Rediseñar y cambiar estados. Utilización de las submodalidades de tiempo para instalar actitudes, estados de ánimo, y conductas que son inevitables debido a que tienen subjetividad que ya ha ocurrido, el uso del trance y las señales de los dedos para instalación inconsciente y contextualización.

5. Convicciones, creencias y realidad. Trabajar con creencias, convicciones y estrategias de realidad, para la realización de cambios duraderos. Uso de submodalidades para separar estados o sintetizar nuevos estados.

Juego completo de cinco cintas de vídeo por 280 $ (un ahorro del 20%).

Lo último en tecnología

1. Distorsión del tiempo. Ejercicios y discusiones que te enseñarán el uso de submodalidades para cambiar la percepción de la duración y velocidad de los eventos, con aplicaciones al deporte, motivación, acompasamiento a futuro, la depresión y estados psicóticos. (104 min., $85)

2. Haciendo las cosas fácilmente. Richard enseña cuatro patrones: Como transformar los estados de humor, encadenándoles con submodalidades para tratar con la culpa, el "destructor de decisiones" para revisar las experiencias impresas en el pasado y como lograr una actividad en pequeños pedazos. (103 min., $85)

3. Incrementando la expresividad. Richard demuestra como utilizar las submodalidades para construir una experiencia interna rica que crea motivación intensa, y expresividad externa que induce estados en otros. (47 mins. $50)

El set completo de 3 videotapes por $176 (ahorra 20%)

Todos los precios incluyen el envío por correo especial de 4ª clase dentro de EE.UU.

Especifique si desea formatos VHS o Beta. También disponible en PAL y SECAM. Ordenes en el extranjero pagar en dólares americanos, para retiro en banco en Estados unidos.

## Apéndice lV

## Entrenamientos de PNL en videotape.

Estas grabaciones le permiten observar demostraciones completas de PNL en acción con información de seguimiento. Una manera muy poderosa de experimentar el poder de la PNL o para refinar sus habilidades.

1. Resolviendo el Duelo. Un hombre que perdió a su pequeño hijo y otros seres amados es ayudado a transformar estas experiencias de pérdidas en recursos. Observe esta poderosa demostración de Connirae Andreas utilizando un nuevo método creado por ella y steeve Andresas. Introducción y seguimiento (57 minutos$50)

2. Una estrategia para responder a la crítica. Esta estrategia modelada por Steve y Connirae Andreas permite a una persona el estar abierta a recibir retroalimentación sin experimentar sensaciones negativas. La demostración de Steve al instalar su estrategia está acompañada de una discusión y una entrevista de seguimiento. (40 min., $50)

3. La cura rápida de fobias/traumas. Una intensa fobia de 20 años a las abejas es eliminada en 6 minutos, utilizando la técnica de cura de fobias del Dr. Bandler. Demostrada por Sateve Andreas. Entrevistas de Discusión y seguimiento. Además incluye una entrevista de seguimiento a un veterano de guerra de Vietnam cuyo "estrés postraumático" de 12 años, es modificado en una sola sesión utilizando este método. (42. Mins., $50.)

4. El patrón Swish. En esta primera demostración Steve Andreas utiliza el modelo swhish estándar en un hábito simple, comerse las uñas. Luego, Connire demuestra un swhish auditivo con una mujer que explotaba en ira cada que su hija hablaba en cierto tono de voz. (55 min., $65)

5. Eliminando Alergias. Re-entrenando a tu Sistema inmunológico. Tres clientes eliminan sus reacciones alérgicas a la comida ( trigo y leche) a los gatos y a los químicos de un cuarto oscuro. Tim Hallbom Y Suzi Smith demuestran su adaptación al método desarrollado por Robert Dilts. Entrevistas de introducción, discusión, y seguimiento. (55 mins. $50)

Grabaciones avanzadas.

1. Modificando la importancia de criterios. Un adicto al trabajo es ayudado a disminuir la importancia al trabajo y a aumentas la importancia de las necesidades personales. Una entrevista a 18 meses de distancia con los detalles del alcance de los cambios resultantes. Demostración por Connirae Andreas. (13 mins. $50)

2. La última gota; el patrón del umbral. Inicialmente el Dr. Bandler modeló de las personas como llegar al "nunca más" con situaciones de relaciones personales, o hábitos personales. La pareja Andreas, demuestra como obtienen este patrón, seguido de una discusión y un número enorme de ejemplos distintos. Recomendado para aquellos que cuenten con información previa de PNL. (60 mins. $50)

3. Cambio de creencias. Los Andreas demuestran el patrón de cambio de creencias de las submodalidades en una formación avanzada sobre submodalidades. La demostración va acompañada de una explicación, seguida de preguntas, debate y preparación para un ejercicio práctico en el que se utiliza el patrón. También se incluye una entrevista de seguimiento de tres meses con el cliente. (104 min., 85 $)

4. Acompañar al Futuro: Programarse para recordar más tarde. En esta sesión, tomada del segundo día de un curso de Practitioner de 24 días de duración en enero de 1985, se explora cómo las personas se programan a sí mismas para recordar algo automáticamente en el futuro. (79 min., $65)

5. Si pide tres (o más) cintas de vídeo, puede recibir un 15% de descuento. (7,50 $ por una cinta de 50 $, 10 $ por una de 65 $ y 13 $ por una de 85 $). Todos los precios son con franqueo pagado (tarifa especial de libro de 4ª clase) dentro de EE.UU. El franqueo de primera clase y correo aéreo es extra.

Especifique VHS o Beta.

También disponible en los sistemas europeos PAL y SECAM.

Los pedidos del extranjero deben pagarse en dólares estadounidenses girados contra un banco estadounidense. Llame o escriba para conocer los gastos de envío fuera de EE.UU. Pedidos a:

NLP Comprehensive 2897

Valmont Rd. Boulder,

CO 80301 (303)4424102

Se están produciendo otras cintas de vídeo: escriba para obtener la lista actual.

## Apéndice V
## Consultores educativos de PNL

**Nuevos Caminos para el aprendizaje** garantizará un progreso mínimo de un año en el análisis estructural y fonético, la comprensión de palabras y la comprensión de pasajes, medidos mediante dos pruebas ampliamente aceptadas: 1) El Woodcock Reading Mastery Standardized Test, y 2) El Ekwall informal reading inventory para la comprensión de pasajes largos. Normalmente obtienen un cambio de dos o tres años en estas medidas, administradas tanto antes como después de su programa de ocho sesiones de una hora (con deberes) durante un periodo de siete semanas. El único requisito previo es una prueba de estabilidad muscular de los músculos oculares, para asegurarse de que el niño puede ver lo que intenta leer. También imparten seminarios para profesores y asesoran a sistemas educativos. Llame o escriba para obtener información actualizada. New Learning Pathways,P.O.Box5044-142,ThousandOaks,CA91359,(805)492-5024

**Aprendiendo a aprender se especializa en técnicas de PNL para acelerar el aprendizaje de idiomas y adquirir competencia conductual en culturas extranjeras. Ofrecen una formación intensiva a individuos y grupos que integra las estrategias, actitudes y experiencias que utilizan los estudiantes de idiomas excelentes, según el modelo de la PNL. De este modo, los participantes pueden aprender cualquier idioma independientemente del material o método de enseñanza. También imparten talleres para profesores de lenguas extranjeras y de ESL sobre los medios más eficaces para enseñar la adquisición de idiomas en el aula. Aprendiendo a aprender, 1340 W. Irving Park Rd, Ste200, Chicago, IL 60613**

## Apéndice VI

$$\frac{y_1 - y_2}{x_1 - x_2} = \frac{-(y_1 - y_2)}{-(x_1 - x_2)}$$

$$\sqrt[n]{a^n b^{n+1} c^{n-1}},\ n \in \{3, 5, 7, \ldots\}$$

$$\frac{5^4 - 2^4}{5^2 + 2^2}$$

$$xyz + x^2yz^3 + x^3y^2z + (^-1)xy^3z^2$$

$$2^3 \cdot x^2y + 2^5 \cdot x^2y + 2^3 \cdot x^2y + 2^5 \cdot xy^2$$

$$3^2 \cdot ab^2 + 3a^2b + 3^3 \cdot a^2b^2 + 3^4 \cdot a^2b^2$$

$$(\forall_x)(\exists!_y)(x + y = 0)$$

$$\frac{(2ab)^2(3ab)}{(-6a^3b)^2}$$

$$\begin{array}{l} 8hn^3 \qquad\qquad + 2n^4 \\ \underline{3hn^3 + hn + \ \ n^4} \end{array}$$

$$(3x^2y)(5x^4y^3) = 15x^6y^4$$

$$\frac{5 - 11y + 2y^2}{4y^2 - 9} \cdot \frac{2y + 3}{1 - 2y} \cdot \frac{(5 - y)^{-1}}{2y - 1}$$

$$\frac{(2y^2)^3(2y)}{(2y)^3(2y)^2}$$

$$V = \tfrac{4}{3}\pi r^3$$

$$\frac{14x^3 - 21x^2 - 14x}{4x - 16x^3}$$

$$\left(\frac{x^4 - 13x^2 + 36}{2x^2 - 18} \div \frac{x^3 - 2x}{x - 5}\right) \cdot \frac{2}{x - 5}$$

$$\left(\frac{3b - 1}{b - 3}\right)^{-1} \cdot \frac{1 + 3b - 18b^2}{6b^2 - 17b - 3}$$

$$I = \frac{nE}{R + nr}$$

## Bibliografía

En esta bibliografía, nuestro propósito es proporcionar referencias que le permitan proseguir cualquier interés del que se haya percatado al leer nuestro libro. Hemos dividido las referencias en tres secciones:

Sección I. Gramática transformacional

Sección II. Terapia

Sección III. Modelado/Sistemas formales/Epistemología

En cada una de estas secciones señalamos un pequeño número de obras que nos han resultado especialmente útiles para desarrollar nuestros propios modelos. Las referencias ofrecidas no son exhaustivas, ni son los únicos lugares donde pueden encontrarse las ideas que contienen. Esperamos que disfrute de su lectura. Si conoce otras obras de referencia que le hayan resultado especialmente claras y útiles en su experiencia en estos ámbitos, le agradeceremos que nos las comunique. Por último, si desea profundizar en alguna idea o línea de pensamiento o experiencia que se desprende de nuestro libro y la bibliografía es inadecuada para sus propósitos, escríbanos a la dirección que figura más abajo y cada uno de nosotros tratará de sugerirle referencias:

**META-MODELS c/o Science and Behavior Books, Inc.**

**P.O. Box 11457**

**Palo Alto, CA 94306**

## I. Gramática Transformacional

A. Referencias básicas

Bach, E. *Syntactic Theory.* New York: Holt, Rinehart and Winston, Inc., 1974. A carefully presented overview of syntax as done by transformationalists.

Chomsky, N. *Syntactic Structures.* The Hague: Mouton, 1957. The book which established the transformational model in linguistics; the style Chomsky uses is difficult for many readers. The portions of the book most connected with the Meta-model are the Preface; Chapters 2, 3,5,6, 8; and the Summary.

Chomsky, N. *Aspects of the Theory of Syntax.* Cambridge, Mass.: M IT Press, 1965. This is one of the most accessible descriptions of the linguistic model from which we have borrowed heavily. Again, some readers find the author's style difficult. We especially recommend Chapters 1 and 2.

Chomsky, N. *Language and Mind.* New York: Harcourt Brace Jovanovich, Inc., 1968. Four lectures which Chomsky gave as a visiting professor at Berkeley; less technical than his other two works we list.

Grinder, J., and Elgin, S. *A Guide to Transformational Grammar.* New York: Holt, Rinehart and Winston, 1973. A very comprehensive overview of the entire field of transformational grammar; includes summaries of, and commentaries on, Chomsky's *Syntactic Structures and Aspects.* See especially Chapters 1, 2,4,5,6, 7, 8, 10, and 13.

Jacobs, R., and Rosenbaum, P. *English Transformational Grammar.* Waltham, Mass.: Ginn/Blaisdell, 1968. A very readable work as an introduction to the field; not particularly comprehensive.

Langacker, R. *Language and Its Structure.* New York: Harcourt Brace Jovanovich, Inc., 1967. A readable introduction which treats language both by the transformational model and more generally.

Lyons, J. *Introduction to Theoretical Linguistics.* Cambridge, England: Cambridge University Press. A scholarly work which presents an overview of language in general; includes a section on the transformational model.

**B. Otros trabajos transformacionales útiles**

Bever, T. G. "The Cognitive Basis of Linguistic Structure." In J. Hayes (ed.), *Cognition and the Developments of Language.* New York: John Wiley and Sons, 1970. An excellent account of how language as a representational system might be connected to general modeling abilities of human beings — especially the way that children develop these abilities.

Fillmore, C. "The Case for Case." In E. Bach and R. Harms (eds.), *Universals in*

*Linguistic Theory.* New York: Holt, Rinehart and Winston, 1968. A readable account of a somewhat different version of the transformational model — useful suggestions about what a complete representation of reference structure might be.

Greene, G. "How to Get People to Do Things with Words." In *Papers from the 8th Regional Meeting of the Chicago Linguistic Society.* Chicago, Ill.: University of Chicago, 1970. An excellent example of the Generative Semantics approach which we feel will contribute much to an enlarged Meta-model for therapy.

Grinder, J. *On Deletion Phenomena in English.* The Hague: Mouton, 1974. Very technical; useful for discussion of different types of deletion. See Chapters 1,2, and 3.

Gruber, J. "Studies in Lexical Relations." Unpublished doctoral dissertation, MIT, 1965. Excellent suggestion for a complete representation of reference structures.

Horn, L. "A Presuppositional Analysis of Only and Even." In *Papers from the 5th Regional Meeting of the Chicago Linguistic Society.* Chicago, Ill.: University of Chicago, 1969. Another fine example of the Generative Semantics type of research which we feel will contribute to an enlarged Meta-model for therapy.

Kartunnen, L. "Remarks on Presuppositions." At the Texas Conference on Performances, Conversational Implicature and Presuppositions, mimeograph, March 1973. Kartunnen has a series of incisive papers on presuppositional phenomena in English. We suggest you write to him directly at the University of Texas for copies.

Katz, J. *Semantic Theory.* New York: Harper and Row, 1972. A most up to date account of the kind of semantic theory most compatible with non-Generative Semantics transformational grammar.

Lakoff, G. *Linguistics and Natural Logic.* Ann Arbor, Mich.: University of Michigan, 1970. A valuable compendium of some of the more recent work in Generative Semantics by its most prolific spokesperson. G. Lakoff is presently at the University of California, Berkeley.

McCawley, J. "Lexical Insertion in a Transformational Grammar." In *Papers from the 4th Regional Meeting of the Chicago Linguistic Society.* Chicago, Ill.: University of Chicago, 1968. One of the initial articles establishing Generative Semantics; good suggestions about the representation of reference structures.

Postal, P. "On the Derivation of Pseudo-Adjectives." Paper delivered to the 44th Annual Meeting of the LSA, 1969.

Postal, P. "On the Surface Verb Remind." In *Linguistic Inquiry, 1*; 1:37—120. Postal's work is highly theoretical; the first reference has excellent examples of the patterns of derivation as Deep Structure Predicates are mapped into Surface Structure Adjectives. The second reference is very useful in making suggestions about the representation of reference structures.

Ross, J.R. "On Declarative Sentences." In R. Jacobs and P. Rosenbaum, *Readings in*

*English Transformational Grammar.* Waltham, Mass.: Ginn/Blaisdell, 1970. This is the linguistic basis for the section in Chapter 4 called *The Last Performative* and an excellent example of linguistic analysis.

Sapir, E. *The Selected Writing of Edward Sapir.* D. Mandelbaum (ed.). University of California Press, Berkeley, 1963. One of the classical linguists who had a fine sensitivity for modeling.

Searle, J. *Speech Acts.* Cambridge, England: Cambridge University Press, 1969. A modern work in pragmatics with the transformational model as a basis. Readable.

Whorf, B. "Grammatical Categories." In J.E. Carroll (ed.), *Language, Thought and Reality.* New York: John Wiley and Sons, 1956. Another classical linguist who addressed the issue of the way language shapes perception.

**II. Terapia**

Jackson, D. D. *Communication, Family and Marriage.* Palo Alto: Science and

Behavior Books, 1968. An excellent anthology containing the papers of the MRI/Bateson research group.

Jackson, D. D. *Therapy, Communication and Change.* Palo Alto: Science and Behavior

Books, 1968. An excellent anthology containing the papers of the MRI/Bateson research group.

Haley, J. *Advanced Techniques of Hypnosis and Therapy: Selected Papers of Milton H.*

*Erickson, M.D.* New York: Grune and Stratton, 1967. An incredible collection of papers describing the powerful techniques of Milton Erickson.

Haley, J. *Uncommon Therapy.* New York: Grune and Stratton, 1968. A valuable statement of Erickson's powerful work with an interesting commentary by Jay Haley.

Perk, F. *The Gestalt Approach: Eyewitness to Therapy.* Palo Alto: Science and Behavior Books, 1973. A clear presentation of Gestalt therapy theoretical foundations.

Polster, I. and M. Gestalt *Therapy Integrated.* New York: Bruner/Mazel, 1973. A useful presentation of some of the techniques of Gestalt therapy.

Satir, V. *Conjoint Family Therapy.* Palo Alto: Science and Behavior Books, 1964. A basic and most useful text on family therapy.

Satir, V. *Peoplemaking.* Palo Alto: Science and Behavior Books, 1972. An excellent and highly readable introduction to communications and therapy.

Watzlawick, P.; Beavin, J.; and Jackson, D. *Pragmatics of Human Communications.* New York: W. Norton, 1967. A highly readable presentation of Bateson's ideas (e.g., meta-communication).

Watzlawick, P.; Weakland, J.; and Fisch, R. *Change.* New York: W. Norton, 1974. An interesting attempt to integrate mathematical models with patterns of human change.

**III. Modelado/ Sistemas Formales /Epistemología**

Ashby, W. R. *An Introduction to Cybernetics.* Chapman and Hall, Ltd., and University

Paperbacks, 1956. An excellent introduction to modeling and representational systems; requires some mathematical background; worth working through carefully.

Bateson, G. *Steps to an Ecology of Mind.* New York: Ballantine Books, 1972. We recommend this book highly; it is a collection of Bateson's work. Very entertaining; simultaneously irrelevant and profound.

Boyd, D. *Introduction to Systems Analysis,* (in press) 1975. A highly readable, clear presentation of modeling; emphasizes process.

Carnap, R. *The Logical Syntax of Language.* Totowa, New jersey: Littlefield, Adams and Company, 1959. A formal, sophisticated approach to linguistic analysis. A highly technical piece of work; difficult to read.

Copi, I. *Introduction to Logic.* New York: Macmillan, 196. An excellent introductory text to logical systems.

Herzberger, H. "The Logical Consistency of Language." *Harvard Educational Review, 35*:469-480; 1965. An example of a clear philosophical analysis of one of the formal properties of the human representational system of language.

Hume, D. *Enquiry Concerning Human Understanding.* Oxford, England: Oxford University Press. A classical essay on epistemology, the process of human modeling.

Korzybski, A. *Science and Sanity.* Lakeville, Connecticut: The International Non-Aristotelian Library Publishing Company, 4th Edition, 1933. The basic reference work for general semantics. Korzybski understood and discussed clearly the map/territory, intensional/extensional distinctions. . . in human modeling. Read the Prefaces, Part I, and Part II.

Miller, G. A.; Galanter, E.; and Pribram, K. *Plans and the Structure of Behavior.* New

York: Holt, Rinehart and Winston, Inc., 1960. One of the clearest presentations of a theoretical basis for human behavior; suggestions for a representational system for reference structures; easy and enjoyable reading.

Newell, A.; and Simon, H. A. *Human Problem Solving.* Englewood Cliffs, New Jersey: Prentice Hall, 1971. An exciting excursion into the neurological basis for human modeling. A clear presentation.

Russel l, B. *Introduction to Mathematical Philosophy.* London, England: George Allen and Unwin, Ltd., 2nd Edition, 1921. A readable, clear presentation of some of the more important concepts of modern logic, including theory of logical types.

Schank, R.; and Colby, K. *Computer Models of Thought and Language.* San Francisco:

W. H. Freeman and Company. 1973. A good, representative collection of modeling as done in computer simulations.

Tarski, A. *Introduction to Logic.* New York: Oxford University Press, 1941. An excellent introduction to logical systems, a very readable style, no background required.

Vaihinger, H. *The Philosophy of "As If."* London, England: Routledge, Kegan and Paul, Ltd., 1924. An excellent source for discussions of human modeling. F. Perk claimed Vaihinger supplied the philosophical foundations for his Gestalt therapy.

Watzlawick, P.; Beavin, J.; and Jackson, D. *Pragmatics of Human Communication.* New York: W. W. Norton and Company, 1967. A very readable, clear presentation of some of the basic ideas of communication with connections to systems analysis.

www.ingramcontent.com/pod-product-compliance
Ingram Content Group UK Ltd.
Pitfield, Milton Keynes, MK11 3LW, UK
UKHW021908190726
13853UKWH00002B/577